Intelligence de Attitude Vol I

Attitude, Volume 1

BANTAR-SHEY

Published by PHOENIX HEIGHTS INCORP, 2023.

Table des Matières

Ce livre est dédié à ma grand-mère, Mme Shey Magdalene Mafor, en mémoire de mon grand-père, M. Shey Emmanuel Bantar. Il est également dédié à tous ceux qui recherchent la connaissance, la compréhension et la sagesse dans le monde. Je vous remercie.

Préface
APERÇU DU LIVRE

Dans "L'intelligence de l'attitude", nous explorons le pouvoir de l'attitude et son impact sur tous les aspects de la vie. Ce livre approfondit le concept d'intelligence de l'attitude, qui va au-delà de la simple positivité ou négativité. L'intelligence de l'attitude consiste à comprendre et à exploiter le pouvoir de nos attitudes pour façonner nos pensées, nos émotions et nos actions de manière à favoriser l'épanouissement personnel et la réussite. Grâce à des stratégies pratiques et à des exemples concrets, ce livre explique comment développer et cultiver une intelligence de l'attitude positive qui peut transformer nos relations, notre carrière, notre santé et notre bien-être en général.

En examinant le rôle de l'intelligence de l'attitude dans divers domaines de la vie, ce livre offre un guide complet pour comprendre et améliorer nos attitudes. Du lieu de travail aux relations personnelles, de la santé et du bien-être à la réalisation d'objectifs, "Attitude Intelligence" fournit des outils et des techniques pratiques pour améliorer notre intelligence de l'attitude dans tous les aspects de la vie. En mettant l'accent sur la conscience de soi, l'intelligence émotionnelle et les changements d'état d'esprit, ce livre permet aux lecteurs de prendre le contrôle de leurs attitudes et de créer des changements positifs. Que vous soyez à la recherche d'un développement personnel, d'une réussite professionnelle ou d'un bien-être accru, ce livre vous aidera à libérer le pouvoir de l'intelligence de l'attitude pour transformer votre vie.

1ère partie

Chapitre 1

A TTITUDE INTELLIGENCE VOL I

Introduction à l'intelligence d'attitude

1 **.1 Comprendre l'intelligence de l'attitude**
L'intelligence de l'attitude est un concept qui englobe la compréhension et l'application de l'attitude dans tous les aspects de la vie. C'est la capacité à reconnaître le pouvoir de l'attitude et à l'exploiter pour parvenir à l'épanouissement personnel, à la réussite et au bonheur. L'intelligence de l'attitude va au-delà du simple fait d'avoir un état d'esprit positif ; elle implique de développer une compréhension profonde de la manière dont l'attitude influence nos pensées, nos émotions, nos comportements et nos interactions avec les autres.

Au fond, l'intelligence de l'attitude est une question de conscience et de gestion de soi. C'est la capacité à reconnaître et à contrôler nos attitudes, nos croyances et nos réactions dans différentes situations. En cultivant l'intelligence de l'attitude, nous pouvons relever les défis de la vie avec résilience, adaptabilité et un point de vue positif.

L'intelligence de l'attitude ne se limite pas à un domaine spécifique ; elle s'applique à tous les aspects de la vie. Qu'il s'agisse des relations personnelles, de la vie professionnelle, de la santé et du bien-être, du développement personnel, de la réussite financière, de l'éducation, de la parentalité, des interactions sociales ou du bonheur personnel, l'intelligence de l'attitude joue un rôle crucial dans l'élaboration de nos expériences et de nos résultats.

Dans les relations personnelles, l'intelligence des attitudes nous aide à comprendre l'impact de nos attitudes sur nos interactions avec les autres. Elle nous permet de communiquer efficacement, d'établir des relations saines, de résoudre les conflits et de conserver une attitude positive, même dans les situations difficiles. En développant l'intelligence d'attitude dans nos relations, nous pouvons favoriser la confiance, l'empathie et la compréhension mutuelle.

Dans le domaine professionnel, l'intelligence de l'attitude est essentielle à la réussite de la carrière. Elle implique de développer une attitude gagnante au travail, d'adopter des qualités de leader, de gérer le stress et de maintenir un équilibre sain entre vie professionnelle et vie privée. L'intelligence de l'attitude permet aux individus de surmonter les obstacles, de s'adapter aux changements et de se développer continuellement sur le plan professionnel.

L'intelligence de l'attitude joue également un rôle important dans la santé et le bien-être. La recherche a montré qu'une attitude positive peut améliorer la santé physique, stimuler le bien-être mental et renforcer la résilience émotionnelle. En cultivant une attitude positive, les individus peuvent réduire leur stress, accroître leur bonheur général et améliorer leur qualité de vie globale.

Dans le cadre du développement personnel, l'intelligence de l'attitude est essentielle pour développer la confiance en soi, fixer et atteindre des objectifs, surmonter les obstacles et adopter un état d'esprit d'apprentissage permanent. Elle aide les individus à développer un état d'esprit de croissance, ce qui est essentiel pour l'épanouissement personnel et la réussite.

L'intelligence de l'attitude s'étend également à la réussite financière. Elle implique le développement d'un état d'esprit positif vis-à-vis de l'argent, la constitution d'un patrimoine, la prise de décisions financières judicieuses et la réalisation de l'indépendance financière. En adoptant une attitude positive à l'égard de l'argent et des questions financières, les individus peuvent attirer l'abondance et se créer un avenir financier sûr.

Dans le domaine de l'éducation, l'intelligence de l'attitude joue un rôle essentiel dans l'apprentissage, la motivation, la réussite scolaire et le développement d'un état d'esprit de croissance. Elle aide les individus à aborder l'apprentissage avec enthousiasme, à relever les défis et à persévérer malgré les échecs. L'intelligence de l'attitude permet aux élèves de libérer tout leur potentiel et d'atteindre l'excellence scolaire.

L'intelligence de l'attitude est également essentielle dans l'éducation des enfants. Elle influence les relations parents-enfants, les stratégies de discipline, l'enseignement de la résilience et le développement d'une attitude positive chez les enfants. En donnant l'exemple d'une attitude positive, les parents peuvent inspirer leurs enfants à développer une vision positive de la vie et à relever les défis avec confiance.

Dans les interactions sociales, l'intelligence de l'attitude favorise l'empathie, l'établissement de liens, la sensibilité culturelle et la promotion d'une attitude positive dans la société. Elle permet aux individus de comprendre et d'apprécier des perspectives diverses, de favoriser l'inclusion et de contribuer à une communauté harmonieuse et solidaire.

Enfin, l'intelligence de l'attitude est étroitement liée au bonheur personnel. Elle implique de cultiver une attitude positive, de pratiquer la gratitude, d'adopter la pleine conscience et de trouver de la joie dans la vie de tous les jours. En développant l'intelligence de l'attitude, les individus peuvent connaître un plus grand bonheur, un plus grand épanouissement et un plus grand bien-être général.

En conclusion, l'intelligence de l'attitude est un concept global qui s'applique à tous les aspects de la vie. Il s'agit de comprendre et d'exploiter le pouvoir de l'attitude pour parvenir à l'épanouissement personnel, à la réussite et au bonheur. En développant l'intelligence de l'attitude, les individus peuvent relever les défis de la vie avec résilience, adaptabilité et une perspective positive. Il s'agit d'un voyage de toute une vie qui consiste à prendre conscience de soi, à se gérer soi-même et à se développer en permanence.

1.2 L'importance de l'attitude dans la vie

L'attitude joue un rôle crucial dans le façonnement de notre vie et l'influence de nos expériences. C'est la lentille à travers laquelle nous percevons et interprétons le monde qui nous entoure. L'intelligence de l'attitude, c'est-à-dire la capacité à comprendre et à gérer efficacement nos attitudes, est essentielle au développement personnel, à la réussite et au bien-être général. Dans cette section, nous examinerons l'importance de l'attitude dans divers aspects de la vie et son impact sur nos relations, notre carrière, notre santé, notre développement personnel, nos finances, notre éducation, notre rôle de parent, nos interactions sociales, notre bonheur et notre capacité à surmonter les difficultés.

Attitude et relations

Notre attitude influe considérablement sur nos relations avec les autres. Une attitude positive favorise des relations saines, améliore la communication et encourage la compréhension et l'empathie. Elle nous permet d'aborder les conflits avec un état d'esprit constructif, en cherchant à les résoudre plutôt qu'à envenimer les tensions. En revanche, une attitude négative peut peser sur les relations, créer des malentendus et entraver une communication efficace. En cultivant une attitude positive, nous pouvons construire et entretenir des relations solides et épanouissantes.

Attitude et réussite professionnelle

L'attitude joue un rôle essentiel dans notre vie professionnelle. Les employeurs apprécient les personnes ayant une attitude positive, car elles ont tendance à être plus motivées, plus adaptables et plus résistantes. Une attitude positive au travail favorise un environnement productif et harmonieux, améliore le travail d'équipe et encourage la créativité et l'innovation. Elle nous aide également à surmonter les difficultés et les revers avec un état d'esprit orienté vers la recherche de solutions, ce qui favorise l'épanouissement personnel et professionnel.

Attitude et santé

Notre attitude a un impact profond sur notre bien-être physique et mental. Des recherches ont montré qu'une attitude positive peut améliorer la fonction immunitaire, réduire le niveau de stress et améliorer la santé en général. Elle nous permet de mieux faire face à l'adversité, de nous remettre plus rapidement d'une maladie et de maintenir un mode de vie plus sain. À l'inverse, une attitude négative peut contribuer aux troubles liés au stress, affaiblir le système immunitaire et entraver notre capacité à rebondir après un échec. En cultivant une attitude positive, nous pouvons favoriser une meilleure santé et un plus grand bien-être.

Attitude et développement personnel

L'attitude est un facteur clé du développement personnel et de l'amélioration de soi. Une attitude positive alimente la confiance en soi, la résilience et la conviction que nous sommes capables de surmonter les difficultés et d'atteindre nos objectifs. Elle nous permet d'accepter l'apprentissage continu, de rechercher des opportunités de croissance et de développer un état d'esprit de croissance. Avec une attitude positive, nous pouvons surmonter les obstacles, fixer des objectifs significatifs et libérer tout notre potentiel.

Attitude et finances

Notre attitude à l'égard de l'argent et des questions financières influence grandement notre réussite financière. Une attitude positive à l'égard de l'argent favorise une saine mentalité financière, encourage des habitudes financières responsables et promeut des comportements propices à la constitution d'un patrimoine. Elle nous aide à prendre des décisions financières judicieuses, à gérer efficacement notre argent et à nous assurer un avenir financier sûr. À l'inverse, une attitude négative à l'égard de l'argent peut conduire à de mauvais choix financiers, à des dépenses excessives et au stress financier. En adoptant une attitude positive à l'égard des finances, nous pouvons parvenir à l'indépendance et à la stabilité financières.

ATTITUDE ET ÉDUCATION

L'attitude joue un rôle important dans notre parcours éducatif. Une attitude positive à l'égard de l'apprentissage renforce la motivation, l'engagement et les résultats scolaires. Elle nous permet de relever des défis, de persister face aux difficultés et de rechercher des opportunités de croissance. Une attitude positive favorise également l'amour de l'apprentissage, la curiosité et la soif de connaissances. En cultivant une attitude positive à l'égard de l'éducation, nous pouvons maximiser notre potentiel d'apprentissage et réussir à l'école.

Attitude et parentalité

L'attitude est cruciale dans l'éducation des enfants et dans l'élaboration de la relation parent-enfant. Une attitude positive à l'égard de la parentalité favorise une communication efficace, l'empathie et la compréhension. Elle aide les parents à créer un environnement stimulant et favorable pour leurs enfants, en favorisant leur bien-être émotionnel et leur résilience. Une attitude positive encourage également les techniques de discipline positive, ce qui permet d'enseigner aux enfants de précieuses compétences de vie et de favoriser leur développement général. En favorisant une attitude positive dans l'éducation des enfants, nous pouvons élever des enfants confiants, résilients et bien adaptés.

Attitude et interactions sociales

Notre attitude envers les autres influence grandement nos interactions sociales. Une attitude positive favorise l'empathie, la gentillesse et la compréhension, ce qui nous permet d'établir des liens significatifs avec les autres. Elle favorise la sensibilité culturelle, le respect de la diversité et les comportements inclusifs. Une attitude positive contribue également à créer un environnement social positif, où la coopération, la collaboration et le soutien mutuel se développent. En cultivant une attitude positive dans nos interactions sociales, nous pouvons créer une société harmonieuse et inclusive.

Attitude et bonheur personnel

L'attitude est un facteur fondamental du bonheur personnel. Une attitude positive nous permet d'apprécier le moment présent, de trouver de la joie dans les expériences quotidiennes et d'entretenir un sentiment de gratitude. Elle nous permet de nous concentrer sur les aspects positifs, même dans les moments difficiles, et de développer un état d'esprit résilient. Une attitude positive favorise également la pleine conscience, la prise en charge de soi et le bien-être émotionnel. En cultivant une attitude positive, nous pouvons améliorer notre bonheur général et mener une vie plus épanouissante.

Attitude et dépassement de soi

L'attitude joue un rôle crucial pour surmonter les défis et l'adversité. Une attitude positive nous permet d'affronter les difficultés avec résilience, détermination et un état d'esprit axé sur la résolution des problèmes. Elle nous permet de considérer les défis comme des opportunités de croissance et d'apprentissage, plutôt que comme des obstacles insurmontables. Une attitude positive nous aide également à gérer la peur, à accepter le changement et à nous adapter à de nouvelles situations. En développant une attitude positive, nous pouvons relever les défis de la vie avec grâce et en ressortir plus forts.

En conclusion, l'intelligence de l'attitude est essentielle dans tous les aspects de la vie. Notre attitude façonne nos expériences, nos relations, notre réussite professionnelle, notre santé et notre bien-être, notre développement personnel, nos résultats financiers, notre parcours éducatif, notre approche parentale, nos interactions sociales, notre bonheur personnel et nous donne les moyens de surmonter les difficultés. En développant et en entretenant une attitude positive, nous pouvons libérer tout notre potentiel, mener une vie plus épanouissante et inspirer les autres à faire de même.

1.3 Le pouvoir de l'attitude positive

Une attitude positive est un outil puissant qui peut avoir un impact considérable sur tous les aspects de notre vie. L'intelligence de l'attitude, c'est-à-dire la capacité à comprendre et à gérer nos attitudes, joue un rôle crucial dans la détermination de notre bien-être général et de notre réussite. Lorsque nous cultivons une attitude positive, nous nous ouvrons à un monde de possibilités et créons les bases de notre épanouissement personnel et de notre bonheur.

L'impact de l'attitude sur nos pensées et nos actions

Notre attitude façonne nos pensées et nos actions, influençant la manière dont nous percevons le monde qui nous entoure et y réagissons. Une attitude positive nous permet d'aborder les défis avec optimisme et résilience, ce qui nous permet de surmonter les obstacles et de trouver des solutions. Elle nous aide à maintenir un état d'esprit de croissance, où nous considérons les échecs comme des opportunités d'apprentissage et de croissance plutôt que comme des revers.

En revanche, une attitude négative peut entraver nos progrès et limiter notre potentiel. Elle peut entraîner le doute, la peur et un manque de motivation. Les attitudes négatives peuvent également affecter nos relations, car elles peuvent créer des obstacles à une communication efficace et entraver notre capacité à entrer en contact avec les autres.

Le pouvoir de la pensée positive

La pensée positive est un élément clé de l'attitude positive. Elle consiste à se concentrer sur les aspects positifs de toute situation et à conserver un point de vue optimiste. Lorsque nous pratiquons la pensée positive, nous entraînons notre esprit à voir les possibilités et les opportunités qui existent, même dans des circonstances difficiles.

Des recherches ont montré que la pensée positive peut avoir un impact profond sur notre bien-être mental et physique. Elle peut réduire le niveau de stress, améliorer notre système immunitaire et renforcer notre résilience générale. La pensée positive nous aide également à construire des relations plus solides, car elle favorise l'empathie, la compréhension et une communication efficace.

Les avantages d'une attitude positive

Une attitude positive apporte de nombreux avantages à notre vie. Voici quelques-uns des effets positifs qu'elle peut avoir sur différents aspects de notre vie :

Relations personnelles

Une attitude positive est essentielle pour construire et maintenir des relations saines. Elle nous permet d'aborder les interactions avec gentillesse, empathie et compréhension. Lorsque nous avons une attitude positive, nous avons plus de chances d'attirer des personnes positives dans notre vie et de créer un réseau d'amis et d'êtres chers qui nous soutiennent. Elle nous aide également à gérer les conflits et les défis dans nos relations, car nous les abordons avec un état d'esprit orienté vers la recherche de solutions et une volonté de faire des compromis.

Vie Professionnelle

Sur le lieu de travail, une attitude positive peut avoir un impact significatif sur notre réussite professionnelle. Les employeurs apprécient les employés qui apportent une énergie positive sur le lieu de travail, car cela favorise un environnement de travail productif et harmonieux. Une attitude positive améliore également nos compétences en matière de résolution de problèmes, notre créativité et notre capacité à nous adapter au changement. Elle peut ouvrir la voie à de nouvelles opportunités et nous aider à construire de solides réseaux professionnels.

Santé et bien-être

Notre attitude a un impact direct sur notre santé physique et mentale. Une attitude positive peut renforcer notre système immunitaire, réduire notre niveau de stress et améliorer notre bien-être général. Elle nous aide à faire face aux défis et aux revers, ce qui favorise la résilience émotionnelle. En outre, une attitude positive encourage des habitudes saines telles que l'exercice régulier, une bonne alimentation et la prise en charge de soi, ce qui conduit à une meilleure santé physique.

Développement personnel

Une attitude positive est essentielle au développement personnel. Elle nous permet de fixer et d'atteindre des objectifs, car nous croyons en nos capacités et maintenons un état d'esprit déterminé. Une attitude positive favorise également la confiance en soi, ce qui nous permet de sortir de notre zone de confort et d'accepter de nouvelles expériences. Elle encourage l'apprentissage continu et l'amélioration de soi, car nous abordons les défis avec un état d'esprit de curiosité et de croissance.

Bonheur et bien-être

En fin de compte, une attitude positive est un ingrédient clé du bonheur personnel. Lorsque nous avons une vision positive de la vie, nous sommes plus susceptibles d'éprouver de la joie, de la gratitude et du contentement. Une attitude positive nous aide à apprécier le moment présent et à trouver la beauté dans les choses simples. Elle nous permet de laisser tomber la négativité et de nous concentrer sur les choses qui comptent vraiment, ce qui nous permet de mener une vie plus épanouissante et plus riche de sens.

Cultiver une attitude positive

Cultiver une attitude positive est un voyage qui dure toute la vie et qui nécessite une prise de conscience de soi et des efforts intentionnels. Voici quelques stratégies pour aider à développer et à maintenir une attitude positive :

1. **Pratiquer la gratitude :** Prenez chaque jour le temps de réfléchir aux choses dont vous êtes reconnaissant. Cette simple pratique peut vous aider à vous concentrer sur les aspects positifs de votre vie.

2. **Entourez-vous de positivité :** Entourez-vous de personnes positives qui vous soutiennent et vous inspirent. Limitez l'exposition aux influences négatives, telles que la consommation excessive d'informations ou les relations toxiques.

3. **Remettez en question les pensées négatives :** Lorsque des pensées négatives surgissent, contestez-les par des affirmations positives et opposez-leur des expériences positives.

4. **Prenez soin de vous :** Prenez soin de votre bien-être physique, mental et émotionnel. Participez à des activités qui vous apportent joie et détente, comme l'exercice, la méditation ou des passe-temps.

5. **Cherchez du soutien :** Demandez de l'aide à vos amis, à votre famille ou à des professionnels lorsque vous en avez besoin. La mise en place d'un système de soutien solide peut vous aider à surmonter les difficultés et à conserver une attitude positive.

N'oubliez pas que le développement d'une attitude positive demande du temps et des efforts. Soyez patient avec vous-même et célébrez les petites victoires en cours de route. Avec de l'entraînement et de la persévérance, vous pouvez exploiter le pouvoir d'une attitude positive et transformer votre vie de façon remarquable.

1.4 Développer l'intelligence de l'attitude

Le développement de l'intelligence de l'attitude est une étape cruciale vers la réussite et le bonheur dans tous les aspects de la vie. L'intelligence de l'attitude fait référence à la capacité de comprendre, de gérer et de cultiver une attitude positive dans diverses situations. Elle implique d'être conscient de ses pensées, de ses émotions et de ses comportements, et de choisir consciemment d'adopter un état d'esprit positif.

L'importance du développement de l'intelligence de l'attitude

L'intelligence de l'attitude joue un rôle important dans la construction de notre vie et influence les résultats que nous obtenons. Elle influe sur nos relations, notre carrière, notre santé, notre développement personnel, notre réussite financière, notre éducation, notre rôle de parent, nos interactions sociales et notre bonheur général. En développant l'intelligence de l'attitude, nous pouvons améliorer notre capacité à relever les défis, à surmonter les obstacles et à tirer le meilleur parti de chaque situation.

Comprendre l'intelligence de l'attitude

Avant de nous plonger dans le processus de développement de l'intelligence de l'attitude, il est essentiel d'en comprendre les principales composantes. L'intelligence de l'attitude comprend la conscience de soi, l'intelligence émotionnelle, la résilience, l'adaptabilité et l'état d'esprit de croissance.

La conscience de soi consiste à reconnaître et à comprendre nos pensées, nos émotions et nos comportements. Elle nous permet d'identifier les schémas, les déclencheurs et les domaines à améliorer. En étant conscient de soi, nous pouvons choisir consciemment nos attitudes et nos réponses dans différentes situations.

L'intelligence émotionnelle est la capacité à reconnaître, comprendre et gérer nos émotions et celles des autres. Elle nous permet de faire preuve d'empathie, de communiquer efficacement et d'établir des relations solides. L'intelligence émotionnelle est étroitement liée à l'intelligence de l'attitude, car elle nous aide à réguler nos émotions et à conserver une attitude positive.

La résilience est la capacité à rebondir après un échec, à s'adapter au changement et à conserver une attitude positive face à l'adversité. Le développement de la résilience est essentiel au développement de l'intelligence de l'attitude, car il nous permet de considérer les défis comme des opportunités de croissance et d'apprentissage.

L'adaptabilité désigne la capacité à s'ajuster et à s'épanouir dans des environnements et des circonstances différents. Elle implique l'ouverture d'esprit, la flexibilité et la volonté d'accepter le changement. Le développement de l'adaptabilité est essentiel pour cultiver l'intelligence de l'attitude, car il nous permet d'aborder les situations avec un état d'esprit positif et proactif.

L'état d'esprit de croissance est la conviction que nos capacités et notre intelligence peuvent être développées grâce au dévouement et à un travail acharné. Il s'agit de relever les défis, de persister face aux obstacles et de considérer les échecs comme des opportunités de croissance. Cultiver un état d'esprit de croissance est fondamental pour développer l'intelligence de l'attitude, car cela favorise une vision positive et optimiste de la vie.

Stratégies pour développer l'intelligence attitudinale

Le développement de l'intelligence de l'attitude est un processus continu qui nécessite des efforts conscients et de la pratique. Voici quelques stratégies pour vous aider à cultiver et à améliorer votre intelligence de l'attitude :

1. **Réflexion personnelle :** Prenez le temps de réfléchir à vos pensées, vos émotions et vos comportements. Identifiez les schémas ou les attitudes négatives qui vous empêchent d'avancer. Remettez en question les pensées négatives et reformulez-les en pensées positives.

2. **La pleine conscience :** Pratiquez la pleine conscience pour améliorer votre connaissance de vous-même et vous concentrer sur le moment présent. La pleine conscience vous permet d'observer vos pensées et vos émotions sans jugement, ce qui vous permet d'adopter une attitude positive.

3. **Régulation émotionnelle :** Apprenez à reconnaître et à gérer efficacement vos émotions. Pratiquez des techniques telles que la respiration profonde, la méditation et la tenue d'un journal pour réguler vos émotions et conserver une attitude positive.

4. **S'entourer de positivité :** Entourez-vous de personnes, d'environnements et d'influences positives. Participez à des activités qui vous apportent de la joie et vous inspirent de la positivité. Limitez votre exposition aux nouvelles négatives, aux médias sociaux et aux relations toxiques.

5. **Apprendre en permanence :** Cultivez votre soif de connaissances et de développement personnel. Relevez les défis et recherchez des occasions d'apprendre et de développer de nouvelles compétences. Adoptez un état d'esprit de croissance qui considère les échecs comme des tremplins vers la réussite.

6. **Pratiquer la gratitude :** Cultivez l'habitude de la gratitude en exprimant régulièrement votre appréciation pour les bienfaits de votre vie. Concentrez-vous sur les aspects positifs de chaque journée et tenez un journal de gratitude pour vous rappeler les bonnes choses.

7. **Fixez des objectifs :** Fixez des objectifs clairs et réalisables qui correspondent à vos valeurs et à vos aspirations. Décomposez-les en étapes plus petites et gérables et célébrez vos progrès en cours de route. La fixation d'objectifs fournit une orientation et une motivation qui favorisent une attitude positive.

8. **Cherchez du soutien :** Entourez-vous d'un réseau de soutien composé d'amis, de membres de votre famille ou de mentors qui peuvent vous guider et vous encourager. Faites-leur part de vos objectifs et de vos aspirations, et sollicitez leurs commentaires et leur soutien.

9. **Accepter l'échec et en tirer des leçons :** Considérez les échecs comme des opportunités de croissance et d'apprentissage. Analysez vos échecs, tirez-en des leçons et utilisez-les pour vous améliorer et adopter une attitude plus positive.

10. **Prendre soin de soi :** Prenez soin de votre bien-être physique, mental et émotionnel. Donnez la priorité aux activités qui favorisent la relaxation, la réduction du stress et la prise en charge de soi. Faites régulièrement de l'exercice, dormez suffisamment et nourrissez votre corps avec des aliments sains.

En mettant en œuvre ces stratégies et en vous engageant à développer votre intelligence de l'attitude, vous pouvez transformer votre état d'esprit et votre approche de la vie. N'oubliez pas que le développement de l'intelligence de l'attitude est un parcours de toute une vie qui exige des efforts et une pratique constante. Acceptez le processus, soyez patient avec vous-même et célébrez les progrès que vous réalisez en cours de route.

Chapitre 2

L'intelligence de l'attitude dans les relations personnelles

2.1 Attitude et communication

La communication est un aspect fondamental de l'interaction humaine et joue un rôle crucial dans les relations personnelles. La manière dont nous communiquons avec les autres peuvent avoir un impact considérable sur la qualité de nos relations et sur la dynamique générale de celles-ci. L'intelligence de l'attitude, qui fait référence à la capacité de comprendre et de gérer efficacement son attitude, est essentielle pour favoriser une communication saine et significative.

L'intelligence de l'attitude dans la communication implique d'être conscient de ses propres attitudes et émotions, ainsi que d'être sensible aux attitudes et émotions des autres. Elle exige que nous abordions les conversations avec un esprit ouvert, de l'empathie et la volonté d'écouter et de comprendre. Lorsque nous adoptons une attitude positive, il devient plus facile de communiquer efficacement et d'établir des liens solides avec les autres.

L'un des éléments clés de l'intelligence de l'attitude dans la communication est la conscience de soi. En prenant conscience de nos propres attitudes, croyances et émotions, nous pouvons mieux comprendre comment elles peuvent influencer notre style de communication. Par exemple, si nous avons une attitude négative ou si nous sommes stressés, cela peut affecter la façon dont nous nous exprimons et dont nous interprétons les mots et les actions des autres. Être conscient de nos propres attitudes nous permet de réguler nos émotions et de choisir nos mots avec plus de soin, ce qui conduit à une communication plus constructive et plus positive.

L'empathie est un autre aspect crucial de l'intelligence des attitudes dans la communication. Elle consiste à se mettre à la place des autres et à essayer de comprendre leurs points de vue, leurs sentiments et leurs besoins. Lorsque nous abordons la communication avec empathie, nous créons un environnement sûr et favorable où les individus se sentent écoutés et valorisés. En écoutant activement et en reconnaissant les émotions des autres, nous pouvons favoriser des liens plus profonds et instaurer la confiance dans nos relations.

L'intelligence de l'attitude implique également des compétences de communication verbale et non verbale efficaces. La communication verbale comprend les mots que nous choisissons, le ton de notre voix et la clarté de notre message. Il est important de s'exprimer clairement et respectueusement, en utilisant un langage inclusif et sans jugement. La communication non verbale, quant à elle, comprend le langage corporel, les expressions faciales et les gestes. Il est essentiel d'être conscient de nos signaux non verbaux et de comprendre comment ils peuvent être perçus par les autres pour maintenir une communication positive et efficace.

Outre la conscience de soi, l'empathie et les compétences de communication efficaces, l'intelligence de l'attitude dans la communication nécessite également une écoute active. L'écoute active consiste à accorder toute son attention à l'interlocuteur, sans l'interrompre ni le juger. Il ne s'agit pas seulement d'entendre les mots prononcés, mais aussi de comprendre les émotions et les intentions sous-jacentes. En écoutant activement, nous faisons preuve de respect et validons les expériences de l'orateur, ce qui peut conduire à des conversations plus significatives et plus productives.

L'intelligence de l'attitude dans la communication implique également la capacité à gérer les conflits et les désaccords de manière constructive. Les conflits font naturellement partie de toute relation, mais la manière dont nous les abordons et les résolvons peut avoir un impact considérable sur la dynamique générale. En adoptant une attitude positive, nous pouvons aborder les conflits dans une optique de résolution des problèmes, en cherchant un terrain d'entente et en faisant preuve de compréhension. En nous concentrant sur la recherche de solutions plutôt que sur le blâme ou la critique, nous pouvons maintenir des lignes de communication ouvertes et renforcer nos relations.

En conclusion, l'intelligence des attitudes joue un rôle essentiel dans la communication au sein des relations personnelles. En étant conscient de soi, en faisant preuve d'empathie et en possédant des compétences de communication efficaces, nous pouvons favoriser des relations saines et significatives avec les autres. L'écoute active, la gestion constructive des conflits et le maintien d'une attitude positive sont autant de composantes essentielles de l'intelligence de l'attitude dans la communication. En développant continuellement notre intelligence de l'attitude, nous pouvons améliorer la qualité de nos relations et créer une vie plus harmonieuse et plus épanouissante.

2.2 Construire des relations saines

L'établissement de relations saines est un aspect fondamental de notre vie. Que ce soit avec notre famille, nos amis, nos partenaires romantiques ou nos collègues, la qualité de nos relations a un impact considérable sur notre bien-être et notre bonheur en général. L'intelligence de l'attitude joue un rôle crucial dans la promotion et le maintien de ces relations.

Le fondement des relations saines

Pour établir des relations saines, il est essentiel d'adopter une attitude positive à l'égard des autres. Cela implique d'aborder les interactions avec gentillesse, empathie et respect. Lorsque nous avons une attitude positive, nous sommes plus susceptibles de créer un environnement de confiance et de compréhension, qui constitue le fondement de relations solides et durables.

Une communication efficace

La communication est un élément clé de toute relation, et l'intelligence de l'attitude joue un rôle essentiel pour garantir une communication efficace. Lorsque nous abordons les conversations avec une attitude positive, nous sommes plus ouverts d'esprit, plus réceptifs et plus disposés à écouter les autres. Cela permet une meilleure compréhension et évite les malentendus ou les conflits.

L'intelligence de l'attitude implique également d'être conscient de ses propres émotions et de l'impact qu'elles peuvent avoir sur notre communication. En gérant nos émotions et en répondant de manière calme et respectueuse, nous pouvons éviter les disputes inutiles et maintenir un dialogue sain.

Empathie et compréhension

L'empathie est la capacité de comprendre et de partager les sentiments des autres. Il s'agit d'un aspect crucial de la construction de relations saines. L'intelligence de l'attitude nous aide à développer l'empathie en nous encourageant à nous mettre à la place des autres et à tenir compte de leurs perspectives et de leurs expériences.

Lorsque nous abordons les relations avec empathie, nous sommes mieux à même de comprendre les besoins et les émotions des autres. Cela nous permet de réagir avec soutien et compassion, renforçant ainsi les liens entre les individus.

Confiance et fiabilité

La confiance est la pierre angulaire de toute relation saine. L'intelligence de l'attitude nous aide à instaurer la confiance en faisant constamment preuve de fiabilité, d'honnêteté et d'intégrité. Lorsque nous avons une attitude positive envers les autres, nous sommes plus enclins à respecter nos engagements, à être transparents dans nos actions et à maintenir la confidentialité si nécessaire.

En faisant constamment preuve de fiabilité, nous créons un environnement dans lequel les autres se sentent en sécurité et peuvent partager leurs pensées, leurs sentiments et leurs vulnérabilités. Cela favorise l'établissement de liens plus profonds et renforce la relation dans son ensemble.

Résolution des conflits

Aucune relation n'est exempte de conflits ou de désaccords. Cependant, l'intelligence de l'attitude nous permet d'acquérir les compétences nécessaires pour relever ces défis de manière constructive et respectueuse. Lorsque des conflits surviennent, une attitude positive nous permet de les aborder dans l'optique de trouver une solution plutôt que de rejeter la faute sur quelqu'un d'autre.

L'intelligence de l'attitude encourage l'écoute active, l'empathie et le compromis lors de la résolution des conflits. Elle nous aide à nous concentrer sur la compréhension des problèmes sous-jacents et à trouver des solutions mutuellement bénéfiques. En abordant les conflits avec une attitude positive, nous pouvons préserver la relation et même la renforcer grâce au processus de résolution des différends.

Construire et maintenir la positivité

L'intelligence de l'attitude met l'accent sur l'importance de maintenir une attitude positive dans les relations. La positivité n'améliore pas seulement notre propre bien-être, elle a aussi un effet contagieux sur ceux qui nous entourent. Lorsque nous abordons nos relations avec optimisme et positivité, nous créons un environnement stimulant et favorable.

Construire et maintenir la positivité implique d'exprimer sa gratitude, de faire des compliments et de célébrer les succès des autres. Il s'agit également de considérer les défis comme des opportunités de croissance et de garder l'espoir même dans les moments difficiles. En cultivant une attitude positive, nous contribuons au bonheur général et à la satisfaction de nos relations.

Conclusion

Construire des relations saines est un voyage qui dure toute la vie et qui nécessite des efforts et une croissance continue. L'intelligence de l'attitude joue un rôle essentiel dans ce processus en guidant nos interactions avec gentillesse, empathie et respect. En développant une attitude positive envers les autres, en pratiquant une communication efficace, en favorisant l'empathie, en construisant la confiance, en résolvant les conflits de manière constructive et en restant positif, nous pouvons créer et entretenir des relations solides et épanouissantes dans tous les aspects de notre vie.

2.3 Résoudre les conflits avec l'intelligence de l'attitude

Les conflits font inévitablement partie de la vie et peuvent survenir dans divers aspects de nos relations personnelles. Que ce soit avec notre partenaire, les membres de notre famille, nos amis ou nos collègues, les conflits peuvent être difficiles et épuisants sur le plan émotionnel. Cependant, en appliquant l'intelligence de l'attitude, nous pouvons résoudre efficacement les conflits et maintenir des relations saines.

La résolution des conflits nécessite une combinaison d'intelligence émotionnelle, de communication efficace et d'attitude positive. L'intelligence de l'attitude joue un rôle crucial dans la résolution des conflits, car elle nous aide à aborder les conflits avec empathie, compréhension et volonté de trouver des solutions mutuellement bénéfiques. Voici quelques stratégies clés pour résoudre les conflits grâce à l'intelligence de l'attitude :

1. Conscience de soi et autorégulation

Avant de tenter de résoudre un conflit, il est essentiel d'être conscient de ses propres émotions, de ses préjugés et de ses déclencheurs. La conscience de soi nous permet de comprendre comment nos attitudes et nos croyances peuvent influencer le conflit. En reconnaissant notre état émotionnel, nous pouvons réguler nos réactions et répondre au conflit de manière calme et posée. Cette autorégulation contribue à créer un environnement positif pour la résolution des conflits.

2. L'écoute active

Une communication efficace est la pierre angulaire de la résolution des conflits. L'écoute active consiste à accorder toute notre attention à l'autre personne, à comprendre son point de vue et à valider ses sentiments. En écoutant activement, nous faisons preuve de respect et d'empathie, ce qui peut contribuer à désamorcer le conflit et à favoriser une atmosphère de collaboration. Il est important d'éviter d'interrompre l'autre personne ou de formuler des réponses pendant qu'elle parle, car cela peut nuire à l'efficacité de la communication.

3. Empathie et compréhension

L'empathie est la capacité de comprendre et de partager les sentiments d'une autre personne. En nous mettant à la place de l'autre, nous pouvons mieux comprendre son point de vue et ses motivations. Cette compréhension nous permet d'aborder le conflit avec compassion et de trouver un terrain d'entente. Il est important de se rappeler que l'empathie n'est pas synonyme d'accord, mais plutôt de volonté de reconnaître et de valider les émotions et les expériences de l'autre personne.

4. Résolution collaborative des problèmes

La résolution des conflits doit viser des solutions gagnant-gagnant, où les deux parties se sentent entendues et où leurs besoins sont satisfaits. La résolution collaborative des problèmes implique un brainstorming, la prise en compte de différents points de vue et la recherche de solutions créatives pour résoudre les problèmes sous-jacents. En nous concentrant sur des objectifs et des intérêts communs, nous pouvons travailler ensemble pour trouver des solutions mutuellement bénéfiques. Il est important d'aborder le conflit dans un esprit de coopération plutôt que de compétition.

5. Garder une attitude positive

Une attitude positive est essentielle lors de la résolution d'un conflit, car elle contribue à créer un environnement constructif et favorable. En conservant un état d'esprit positif, nous pouvons aborder le conflit comme une opportunité de croissance et d'apprentissage. Il est important d'éviter les reproches, les critiques et le langage négatif, car ils risquent d'aggraver le conflit et d'entraver sa résolution. Au lieu de cela, concentrez-vous sur la recherche de solutions et exprimez votre appréciation pour la volonté de l'autre personne de s'engager dans le processus de résolution.

6. Demander l'aide d'un professionnel si nécessaire

Dans certains cas, les conflits peuvent être profondément enracinés ou complexes et nécessiter l'aide d'un professionnel qualifié, tel qu'un médiateur ou un thérapeute. Demander l'aide d'un professionnel n'est pas un signe de faiblesse, mais plutôt un engagement à trouver une solution qui soit juste et bénéfique pour toutes les parties impliquées. Une tierce partie neutre peut fournir des conseils, faciliter la communication et aider à surmonter les émotions difficiles.

La résolution des conflits grâce à l'Attitude Intelligence nécessite de la patience, de la compréhension et un désir sincère de trouver un terrain d'entente. Il est important de se rappeler que les conflits sont des opportunités de croissance et de renforcement des relations. En appliquant les principes de l'Intelligence Attitude, nous pouvons transformer les conflits en opportunités de développement personnel et interpersonnel.

2.4 Maintenir une attitude positive dans les relations

Le maintien d'une attitude positive dans les relations est essentiel pour favoriser des relations saines et épanouissantes avec les autres. Qu'il s'agisse d'un partenariat romantique, d'une amitié ou d'une relation professionnelle, la manière dont nous abordons et maintenons notre attitude peut avoir un impact significatif sur la dynamique et les résultats de ces interactions. Dans cette section, nous examinerons l'importance de maintenir une attitude positive dans les relations et fournirons des stratégies pratiques pour la cultiver et la maintenir.

Le pouvoir d'une attitude positive dans les relations

Une attitude positive est comme un aimant qui attire la positivité et favorise des relations harmonieuses. Lorsque nous abordons nos relations avec optimisme, gentillesse et empathie, nous créons un environnement propice à la croissance, à la compréhension et au soutien mutuel. Une attitude positive nous permet de voir le meilleur chez les autres, d'apprécier leurs points forts et de pardonner leurs défauts. Elle nous aide à gérer les conflits avec grâce et à trouver des solutions qui profitent aux deux parties concernées.

Les défis liés au maintien d'une attitude positive

Maintenir une attitude positive dans les relations peut s'avérer difficile, surtout en cas de désaccords, de malentendus ou de circonstances difficiles. Il est naturel d'éprouver des moments de frustration, de déception ou de colère. Cependant, il est essentiel de reconnaître que notre attitude est sous notre contrôle et que nous avons le pouvoir de choisir la façon dont nous répondons à ces défis.

Stratégies pour maintenir une attitude positive

1. **Pratiquer la connaissance de soi :** Le développement de la conscience de soi est la première étape vers le maintien d'une attitude positive dans les relations. Prenez le temps de réfléchir à vos pensées, vos émotions et vos réactions. Remarquez les schémas négatifs ou les préjugés qui peuvent influencer votre attitude. En vous comprenant mieux, vous pouvez consciemment choisir de réagir de manière plus positive et constructive.

2. **Choisissez l'empathie :** l'empathie est la capacité de comprendre et de partager les sentiments des autres. Lorsque nous abordons les relations avec empathie, nous pouvons mieux comprendre les perspectives et les émotions de ceux qui nous entourent. Cette compréhension nous permet de réagir avec compassion et gentillesse, même dans les situations difficiles. Pratiquez l'écoute active, mettez-vous à la place de l'autre et validez ses sentiments et ses expériences.

3. **Se concentrer sur le positif :** Il est facile de se laisser emporter par la négativité et de s'attarder sur les défauts ou les erreurs des autres. Au lieu de cela, faites un effort conscient pour vous concentrer sur les aspects positifs de vos relations. Exprimez votre gratitude pour les qualités que vous appréciez chez l'autre personne et reconnaissez ses efforts. Célébrez ses succès et ses points forts et faites-lui savoir que vous appréciez et chérissez sa présence dans votre vie.

4. **Communiquer efficacement :** Une communication efficace est essentielle pour maintenir des relations positives. Faites attention à votre ton, à votre langage corporel et au choix de vos mots. Pratiquez l'écoute active et efforcez-vous de comprendre le point de vue de l'autre personne avant de répondre. Évitez de faire des suppositions ou de tirer des conclusions hâtives. Posez plutôt des questions de clarification et cherchez à vous comprendre mutuellement. Une communication claire et respectueuse peut éviter les malentendus et favoriser une atmosphère positive.

5. **Pratiquer le pardon :** Garder des rancunes ou des griefs passés peut empoisonner les relations et entraver le développement personnel. Apprenez à pardonner et à laisser tomber le ressentiment. Comprenez que tout le monde commet des erreurs et que le fait de garder la colère ne fait que vous nuire et nuire à la relation. Le pardon permet la guérison et crée un espace pour la croissance et le changement positif.

6. **Prendre ses responsabilités :** Maintenir une attitude positive signifie également assumer la responsabilité de ses actes et de ses émotions. Reconnaissez votre rôle dans les conflits ou les malentendus et acceptez de vous excuser si nécessaire. Évitez de rejeter la faute sur les autres ou de jouer les victimes. En assumant vos responsabilités, vous vous donnez les moyens d'apporter des changements positifs et de contribuer au développement de la relation.

7. **Prendre soin de soi :** Prendre soin de son propre bien-être est essentiel pour maintenir une attitude positive dans les relations. Participez à des activités qui vous apportent de la joie et de l'épanouissement. Accordez la priorité à des pratiques de soins personnels telles que l'exercice, la méditation et le temps passé avec vos proches. Lorsque vous prenez soin de vous, vous êtes mieux équipé pour adopter une attitude positive dans vos relations.

Conclusion

Le maintien d'une attitude positive dans les relations est une pratique continue qui exige la conscience de soi, l'empathie, une communication efficace, le pardon et la responsabilité personnelle. En cultivant une attitude positive, nous créons un environnement qui favorise des relations saines et épanouissantes avec les autres. Rappelez-vous que votre attitude est sous votre contrôle et qu'en choisissant la positivité, vous pouvez améliorer la qualité de vos relations et apporter de la joie et de l'épanouissement dans votre vie.

Chapitre 3

L'intelligence de l'attitude dans la vie professionnelle

3.1 Attitude et réussite professionnelle

Avoir une attitude positive n'est pas seulement important pour le bien-être personnel, mais joue également un rôle crucial dans la réussite professionnelle. L'intelligence de l'attitude, c'est-à-dire la capacité à comprendre et à gérer son attitude, peut avoir un impact significatif sur la croissance et l'avancement professionnels d'une personne. Dans cette section, nous explorerons le lien entre l'attitude et la réussite professionnelle et nous discuterons des stratégies pour développer une attitude gagnante au travail.

Le pouvoir de l'attitude sur le lieu de travail

L'attitude est une force puissante qui peut façonner l'environnement de travail et influencer les résultats de nos efforts professionnels. Une attitude positive peut inspirer et motiver les collègues, favoriser le travail d'équipe et améliorer la productivité. En revanche, une attitude négative peut créer un environnement de travail toxique, entraver la collaboration et empêcher les progrès.

Les employeurs apprécient les personnes ayant une attitude positive parce qu'elles apportent de l'enthousiasme, de la résilience et un état d'esprit positif à leur travail. Ils sont plus enclins à prendre des initiatives, à relever des défis et à trouver des solutions créatives aux problèmes. En outre, une attitude positive peut aider les individus à surmonter les revers et les échecs, ce qui leur permet de rebondir plus forts et plus déterminés.

Attitude et progression de carrière

L'attitude joue un rôle crucial dans l'avancement professionnel. Les employeurs ne recherchent pas seulement des personnes possédant les compétences et les qualifications requises, mais aussi celles qui ont la bonne attitude. Une attitude positive peut distinguer les individus de leurs pairs et leur ouvrir les portes de nouvelles opportunités.

L'un des aspects clés de l'intelligence de l'attitude sur le lieu de travail est le maintien d'un état d'esprit de croissance. Adopter un état d'esprit de croissance signifie croire en sa capacité d'apprendre et de se développer, même face aux défis et aux échecs. Les personnes qui ont un état d'esprit de croissance sont plus enclines à rechercher de nouvelles expériences, à accepter des projets stimulants et à développer continuellement leurs compétences. Cet état d'esprit favorise non seulement l'épanouissement personnel, mais démontre également aux employeurs une volonté d'adaptation et d'amélioration.

Développer une attitude gagnante au travail

Le développement d'une attitude gagnante au travail nécessite une prise de conscience, une réflexion personnelle et un engagement en faveur du développement personnel. Voici quelques stratégies pour cultiver une attitude positive et augmenter vos chances de réussite professionnelle :

1. Cultiver un état d'esprit positif

Commencez par cultiver un état d'esprit positif. Concentrez-vous sur les opportunités plutôt que sur les obstacles et abordez les défis avec un état d'esprit orienté vers les solutions. Entraînez-vous à considérer les revers comme des expériences d'apprentissage et des opportunités de croissance. Entourez-vous d'influences positives, qu'il s'agisse de collègues qui vous soutiennent, de mentors inspirants ou de ressources motivantes.

2. Fixer des objectifs clairs

Il est essentiel de se fixer des objectifs clairs pour conserver une attitude positive au travail. Lorsque vous avez une vision claire de ce que vous voulez accomplir, il est plus facile de rester motivé et concentré. Décomposez vos objectifs en tâches plus petites et plus faciles à gérer, et célébrez vos réussites en cours de route. Cela vous aidera à conserver une attitude positive et à rester motivé, même dans les moments difficiles.

3. Pratiquer l'autoréflexion

Une autoréflexion régulière est essentielle pour développer l'intelligence de l'attitude. Prenez le temps d'évaluer vos attitudes et vos croyances à l'égard du travail, de la réussite et des défis. Identifiez les schémas de pensée négatifs ou les croyances limitatives qui vous freinent. Remplacez-les par des affirmations positives et des croyances valorisantes qui soutiennent votre développement professionnel.

4. Adopter l'apprentissage continu

Adoptez un état d'esprit d'apprentissage continu et de développement professionnel. Tenez-vous au courant des tendances du secteur, recherchez de nouvelles possibilités d'apprentissage et investissez dans vos compétences et vos connaissances. Cela vous permettra non seulement d'améliorer votre expertise, mais aussi de démontrer votre engagement en matière de développement personnel et d'amélioration.

5. Favoriser les relations positives

Établissez des relations positives avec vos collègues et vos supérieurs. Cultivez un environnement de travail favorable et collaboratif en offrant votre aide, en montrant votre appréciation et en pratiquant une communication efficace. S'entourer de personnes positives et partageant les mêmes idées peut avoir un impact significatif sur votre attitude et votre satisfaction globale au travail.

6. Pratiquer la résilience

La résilience est la capacité à rebondir après un échec et à s'adapter au changement. Cultivez la résilience en considérant les échecs comme des opportunités d'apprentissage, en recherchant un retour d'information et en développant des mécanismes d'adaptation au stress. Les personnes résilientes sont mieux équipées pour relever les défis et conserver une attitude positive face à l'adversité.

7. S'approprier son attitude

Rappelez-vous que votre attitude est sous votre contrôle. Assumez votre attitude et choisissez consciemment d'aborder le travail avec un état d'esprit positif. Évitez de blâmer des facteurs externes pour votre attitude et concentrez-vous plutôt sur le développement de la résilience et de l'adaptabilité nécessaires pour prospérer dans n'importe quelle situation.

En développant votre intelligence de l'attitude et en cultivant une attitude positive, vous pouvez améliorer votre réussite professionnelle et créer une vie professionnelle épanouissante et gratifiante. N'oubliez pas que l'attitude n'est pas seulement le reflet de votre situation actuelle ; c'est un outil puissant qui peut façonner votre avenir. Adoptez le pouvoir de l'attitude et libérez tout votre potentiel sur le lieu de travail.

3.2 Développer une attitude gagnante au travail

Dans l'environnement de travail compétitif et rapide d'aujourd'hui, il est essentiel d'avoir une attitude gagnante pour réussir. Votre attitude au travail n'affecte pas seulement vos propres performances et votre satisfaction professionnelle, mais elle a également un impact significatif sur vos collègues, la dynamique de l'équipe et la culture générale de l'organisation. Développer une attitude gagnante au travail consiste à cultiver un état d'esprit positif, à relever les défis et à viser constamment l'excellence. Dans cette section, nous allons explorer les éléments clés du développement d'une attitude gagnante et la manière dont elle peut contribuer à votre croissance et à votre réussite professionnelle.

Le pouvoir d'une attitude positive

Une attitude positive est le fondement d'un état d'esprit gagnant. C'est la conviction que vous pouvez surmonter les obstacles, tirer des leçons de vos échecs et atteindre vos objectifs. Lorsque vous abordez votre travail avec une attitude positive, vous devenez plus résilient, plus adaptable et plus ouvert aux nouvelles opportunités. Votre enthousiasme et votre optimisme peuvent inspirer et motiver les autres, créant ainsi un environnement de travail positif qui favorise la collaboration et l'innovation.

Pour développer une attitude positive, commencez par vous concentrer sur les choses que vous pouvez contrôler. Au lieu de vous attarder sur les problèmes ou les échecs, changez d'état d'esprit pour trouver des solutions et tirer des leçons de l'expérience. Pratiquez la gratitude en reconnaissant et en appréciant les aspects positifs de votre travail et les contributions de vos collègues. Entourez-vous de personnes positives et solidaires qui vous soutiennent et vous encouragent.

Relever les défis et saisir les opportunités de croissance

Une attitude gagnante consiste à relever les défis et à les considérer comme des opportunités de croissance. Au lieu de fuir les tâches ou les projets difficiles, abordez-les avec un esprit de curiosité et une volonté d'apprendre. Reconnaissez que les défis constituent des expériences d'apprentissage précieuses et qu'ils peuvent conduire à un développement personnel et professionnel.

Pour développer une attitude gagnante face aux défis, adoptez un état d'esprit de croissance. Adoptez la conviction que vos capacités et votre intelligence peuvent être développées grâce à votre dévouement et à votre travail acharné. Mettez l'accent sur le processus d'apprentissage et d'amélioration plutôt que de vous concentrer uniquement sur le résultat. Cherchez à obtenir un retour d'information de la part des autres et utilisez-le comme un outil d'autoréflexion et de croissance. En relevant les défis et en recherchant continuellement des occasions d'apprendre et de s'améliorer, vous développerez la résilience et la détermination nécessaires pour réussir.

Fixer des objectifs et rester concentré

Une attitude gagnante au travail implique de se fixer des objectifs clairs et de rester concentré sur leur réalisation. Les objectifs donnent une direction et un but, ce qui vous aide à rester motivé et engagé dans votre travail. Lorsque vous fixez des objectifs, veillez à ce qu'ils soient spécifiques, mesurables, réalisables, pertinents et limités dans le temps (SMART). Cela vous aidera à rester concentré et à suivre vos progrès.

Pour adopter une attitude positive à l'égard de la fixation d'objectifs, décomposez vos objectifs en tâches plus petites et plus faciles à gérer. Cela les rendra moins écrasants et augmentera vos chances de réussite. Classez vos tâches par ordre de priorité en fonction de leur importance et de leur urgence, et affectez votre temps et vos ressources en conséquence. Examinez régulièrement vos objectifs et modifiez-les au besoin pour vous assurer qu'ils correspondent à l'évolution de vos priorités et de vos aspirations.

Cultiver une solide éthique de travail

Une attitude gagnante au travail est étroitement liée à une solide éthique professionnelle. Il s'agit d'être diligent, fiable et déterminé à fournir un travail de grande qualité. Cultiver une solide éthique de travail signifie assumer ses responsabilités, respecter les délais et aller au-delà de ce que l'on attend de vous.

Pour développer une attitude gagnante en matière d'éthique professionnelle, visez l'excellence dans tout ce que vous faites. Soyez fier de votre travail et cherchez constamment à vous améliorer et à dépasser les attentes. Soyez proactif et prenez des initiatives, en anticipant et en relevant les défis avant qu'ils ne se présentent. Faites preuve de fiabilité et de sérieux en respectant systématiquement vos engagements. En cultivant une solide éthique de travail, vous renforcez non seulement votre propre réputation professionnelle, mais vous contribuez également à un environnement de travail positif et productif.

Établir des relations positives et une collaboration

Une attitude gagnante au travail va au-delà des performances individuelles. Elle implique l'établissement de relations positives et la promotion de la collaboration avec les collègues et les membres de l'équipe. Reconnaissez que la réussite est souvent un effort collectif et qu'en travaillant ensemble, vous pouvez obtenir de meilleurs résultats.

Pour développer une attitude gagnante dans l'établissement de relations positives, pratiquez une communication efficace et une écoute active. Respectez et soutenez les idées et les contributions de vos collègues. Offrez votre aide et votre soutien en cas de besoin et soyez prêt à collaborer et à partager le mérite des réalisations. Encouragez la camaraderie et le travail d'équipe en célébrant les réussites et en reconnaissant les efforts des autres. En établissant des relations positives et en encourageant la collaboration, vous créez un environnement de travail favorable et inclusif qui favorise la productivité et la réussite.

En conclusion, il est essentiel d'adopter une attitude gagnante au travail pour évoluer et réussir professionnellement. En cultivant un état d'esprit positif, en relevant les défis, en fixant des objectifs, en restant concentré, en cultivant une solide éthique de travail et en établissant des relations positives, vous pouvez créer une attitude gagnante qui non seulement vous sera bénéfique, mais contribuera également à un environnement de travail positif et productif. Rappelez-vous que votre attitude est sous votre contrôle et qu'en choisissant consciemment de développer une attitude gagnante, vous pouvez libérer tout votre potentiel et obtenir plus de succès dans votre vie professionnelle.

3.3 Leadership et intelligence de l'attitude

Le leadership est un aspect crucial de la vie professionnelle et joue un rôle important dans la réussite des individus et des organisations. Les leaders efficaces possèdent un ensemble unique de compétences et de qualités qui leur permettent d'inspirer et de motiver leurs équipes. L'une de ces qualités qui distingue les dirigeants exceptionnels est leur intelligence de l'attitude.

Dans le domaine du leadership, l'intelligence de l'attitude fait référence à la capacité de comprendre et de gérer sa propre attitude tout en influençant les attitudes des autres de manière positive et constructive. Elle implique d'être conscient de l'impact de son attitude sur la dynamique de l'équipe, la prise de décision et la culture générale de l'organisation. Les dirigeants qui font preuve d'une grande intelligence de l'attitude sont capables de créer un environnement propice à la collaboration, à l'innovation et à la croissance.

Le rôle de l'intelligence de l'attitude dans le leadership

Le leadership ne consiste pas seulement à donner des ordres et à prendre des décisions, mais aussi à inspirer et à guider les autres vers un objectif commun. L'intelligence de l'attitude joue un rôle crucial dans un leadership efficace en influençant la manière dont les dirigeants interagissent avec les membres de leur équipe et dont ils abordent les défis et les opportunités.

1. **Instaurer la confiance et le rapport :** Les leaders dotés d'une intelligence de l'attitude élevée comprennent l'importance d'établir la confiance et le rapport avec les membres de leur équipe. Ils reconnaissent qu'une attitude positive est

contagieuse et peut créer un sentiment de confiance et de loyauté parmi les membres de l'équipe. En faisant preuve d'une attitude positive et optimiste, les dirigeants peuvent inspirer confiance en leurs capacités et créer un environnement de travail favorable et collaboratif.

2. **Motiver et inspirer :** L'intelligence de l'attitude permet aux dirigeants de motiver et d'inspirer les membres de leur équipe. Les dirigeants qui ont une attitude positive sont plus susceptibles d'inciter les membres de leur équipe à aller au-delà de leurs tâches habituelles. Ils peuvent communiquer efficacement leur vision, fixer des objectifs clairs et fournir le soutien et les encouragements nécessaires pour aider les membres de leur équipe à atteindre leur plein potentiel.

3. **Résilience et adaptabilité :** Les dirigeants sont confrontés à de nombreux défis et revers dans le cadre de leurs fonctions. L'intelligence de l'attitude aide les dirigeants à développer leur résilience et leur adaptabilité face à l'adversité. Les dirigeants qui ont une attitude positive sont mieux équipés pour gérer les revers, tirer les leçons des échecs et trouver des solutions créatives aux problèmes. Ils peuvent inciter les membres de leur équipe à accepter le changement et à s'adapter à de nouvelles situations avec un état d'esprit positif.

4. **Résolution des conflits :** Les conflits sont inévitables dans toute équipe ou organisation. Les leaders dotés d'une grande intelligence de l'attitude sont capables de résoudre les conflits de manière constructive. Ils abordent les conflits avec une attitude positive, en cherchant à comprendre les différents points de vue et à trouver des solutions gagnant-gagnant. En favorisant une communication ouverte et en encourageant une attitude positive, les dirigeants peuvent créer un environnement dans lequel les conflits sont traités rapidement et efficacement.

5. L'intelligence émotionnelle : L'intelligence de l'attitude est étroitement liée à l'intelligence émotionnelle, qui est la capacité à reconnaître et à gérer ses propres émotions et celles des autres. Les dirigeants dotés d'une intelligence émotionnelle élevée peuvent comprendre les émotions des membres de leur équipe et faire preuve d'empathie à leur égard, ce qui leur permet de réagir de manière appropriée et d'apporter le soutien nécessaire. Cette capacité à établir un lien émotionnel favorise la confiance, la loyauté et un environnement de travail positif.

Développer l'intelligence d'attitude dans le leadership

L'intelligence de l'attitude n'est pas un trait fixe ; elle peut être développée et améliorée au fil du temps. Les dirigeants qui s'engagent à améliorer leur intelligence de l'attitude peuvent prendre plusieurs mesures pour cultiver cette qualité essentielle :

1. L'autoréflexion : Les dirigeants doivent s'engager dans une autoréflexion régulière afin de mieux comprendre leurs propres attitudes et la manière dont elles influencent leur style de leadership. Ils peuvent se poser des questions telles que : "Quelles sont mes attitudes par défaut dans différentes situations ?", "Comment mes attitudes influencent-elles ma prise de décision ?" et "Comment mes attitudes affectent-elles le moral et la productivité des membres de mon équipe ?"

2. Chercher à obtenir un retour d'information : Les dirigeants devraient chercher activement à obtenir un retour d'information de la part des membres de leur équipe, de leurs pairs et de leurs mentors concernant leurs attitudes et leur style de leadership. Ce retour d'information peut fournir des indications précieuses sur les points faibles et les domaines à améliorer. En créant une culture de retour d'information ouvert et honnête, les dirigeants peuvent apprendre et se développer en permanence.

3. **Pratiquer la pleine conscience :** La pleine conscience est la pratique qui consiste à être pleinement présent et conscient de ses pensées, de ses émotions et de ses actions. Les dirigeants peuvent développer leur intelligence de l'attitude en pratiquant des techniques de pleine conscience telles que la méditation, la respiration profonde et l'autoréflexion. La pleine conscience aide les dirigeants à être plus conscients de leurs attitudes au moment présent et leur permet de répondre consciemment plutôt que de réagir impulsivement.

4. **Montrer l'exemple :** Les dirigeants doivent donner l'exemple et montrer les attitudes et les comportements qu'ils attendent des membres de leur équipe. En affichant constamment une attitude positive, les dirigeants peuvent inspirer et motiver les membres de leur équipe à adopter un état d'esprit similaire. Ils doivent également faire preuve de transparence et d'authenticité dans leur communication, afin de favoriser un environnement de confiance et d'ouverture.

5. **Apprentissage continu :** L'intelligence de l'attitude est un voyage d'apprentissage et de croissance tout au long de la vie. Les dirigeants doivent investir dans leur développement personnel et professionnel en participant à des ateliers sur le leadership, en lisant des ouvrages sur le leadership et l'attitude et en recherchant des occasions de s'améliorer. En apprenant continuellement et en élargissant leurs connaissances, les dirigeants peuvent garder une longueur d'avance et s'adapter à des circonstances changeantes.

L'impact de l'intelligence de l'attitude sur la réussite du leadership

Les dirigeants qui font preuve d'une grande intelligence de l'attitude ont plus de chances de réussir à long terme dans leurs fonctions. Leurs attitudes et comportements positifs ont un effet d'entraînement sur l'ensemble de l'organisation, ce qui se traduit par une augmentation de l'engagement des employés, de la productivité et de la satisfaction générale. En outre, les dirigeants dotés d'une intelligence de l'attitude élevée sont mieux équipés pour relever les défis, nouer des relations solides et inciter leurs équipes à atteindre leur plein potentiel.

En conclusion, l'intelligence de l'attitude est un aspect essentiel d'un leadership efficace. Les leaders qui possèdent une intelligence de l'attitude élevée peuvent créer un environnement de travail positif, inspirer les membres de leur équipe et relever les défis avec résilience et adaptabilité. En développant et en améliorant leur intelligence de l'attitude, les dirigeants peuvent libérer tout leur potentiel et réussir leur vie personnelle et professionnelle.

3.4 Gestion du stress et de l'attitude sur le lieu de travail

Dans l'environnement de travail rapide et compétitif d'aujourd'hui, le stress est devenu un phénomène courant pour de nombreuses personnes. Les exigences du travail, les délais et la pression de la performance peuvent souvent conduire à des niveaux élevés de stress. Cependant, une gestion efficace du stress est essentielle pour maintenir une attitude positive et réussir sur le lieu de travail. Cette section explore la relation entre le stress, l'attitude et les stratégies de gestion du stress sur le lieu de travail.

L'impact du stress sur l'attitude

Le stress peut avoir un impact significatif sur l'attitude d'un individu sur le lieu de travail. Lorsqu'ils sont confrontés à des niveaux élevés de stress, les individus ressentent souvent des émotions négatives telles que la frustration, l'irritabilité et l'anxiété. Ces émotions négatives peuvent affecter leur attitude générale, entraînant une baisse de la motivation, de la productivité et de la satisfaction au travail.

En outre, le stress peut également avoir un impact sur les relations interpersonnelles sur le lieu de travail. Lorsque les individus sont stressés, ils peuvent être plus enclins aux conflits, aux malentendus et aux ruptures de communication. Cela peut créer un environnement de travail négatif et entraver la collaboration et le travail d'équipe.

Le rôle de l'attitude dans la gestion du stress

L'attitude joue un rôle crucial dans la gestion efficace du stress. Une attitude positive peut aider les individus à faire face au stress plus efficacement et à maintenir leur bien-être général. Lorsque les individus ont une attitude positive, ils sont plus susceptibles d'aborder les défis avec résilience, optimisme et un état d'esprit axé sur la résolution des problèmes.

Une attitude positive permet également de recadrer les situations stressantes et de les considérer comme des opportunités de croissance et d'apprentissage. Au lieu de se laisser submerger par le stress, les personnes ayant une attitude positive sont plus susceptibles de le considérer comme un revers temporaire et de se concentrer sur la recherche de solutions.

Stratégies de gestion du stress sur le lieu de travail

1. **Identifier et gérer les facteurs de stress :** La première étape de la gestion du stress consiste à identifier les facteurs qui y contribuent. Il peut s'agir d'une charge de travail excessive, de délais serrés, de conflits avec des collègues ou d'un manque d'équilibre entre vie professionnelle et vie privée. Une fois identifiés, les individus peuvent développer des stratégies pour gérer ou minimiser ces déclencheurs de stress. Il peut s'agir de déléguer des tâches, de fixer des objectifs réalistes ou d'améliorer la communication avec les collègues.

2. Pratiquer des techniques de réduction du stress : Il existe diverses techniques de réduction du stress que les individus peuvent intégrer à leur routine quotidienne pour gérer efficacement le stress. Ces techniques comprennent des exercices de respiration profonde, la méditation, la pleine conscience et l'exercice physique. Faire des pauses régulières tout au long de la journée de travail et s'adonner à des activités qui favorisent la relaxation peut également contribuer à réduire les niveaux de stress.

3. Développer des compétences en matière de gestion du temps : Une mauvaise gestion du temps peut contribuer à augmenter le niveau de stress. En développant des compétences efficaces en matière de gestion du temps, les individus peuvent hiérarchiser les tâches, fixer des délais réalistes et éviter la procrastination. Cela peut contribuer à créer un sentiment de contrôle et à réduire le sentiment d'être submergé par les exigences du travail.

4. Chercher du soutien et nouer des relations : La mise en place d'un solide réseau de soutien sur le lieu de travail est essentielle pour gérer le stress. Le fait d'avoir des collègues ou des mentors qui peuvent fournir des orientations, des conseils et un soutien émotionnel peut avoir un impact significatif sur la capacité d'une personne à faire face au stress. En outre, l'établissement de relations positives avec les collègues peut créer un environnement de travail favorable et réduire le niveau de stress.

5. Maintenir un bon équilibre entre vie professionnelle et vie privée : Il est essentiel de trouver un bon équilibre entre vie professionnelle et vie privée pour gérer le stress sur le lieu de travail. Il est essentiel d'établir des limites entre le travail et la vie personnelle, de donner la priorité aux soins personnels et de s'engager dans des activités en dehors du travail qui apportent de la joie et de la détente. Prendre régulièrement des vacances et des pauses peut également aider à se ressourcer et à réduire le niveau de stress.

6. **Pratiquer un dialogue positif avec soi-même :** Le discours positif consiste à remplacer les pensées négatives et les doutes par des affirmations positives et valorisantes. En recadrant les pensées négatives et en se concentrant sur ses forces et ses capacités, l'individu peut renforcer sa résilience et conserver une attitude positive, même dans les situations stressantes.

7. **Demander de l'aide professionnelle si nécessaire :** Si le niveau de stress devient trop élevé et commence à avoir un impact sur le bien-être mental et physique d'une personne, il est important de demander l'aide d'un professionnel. Les professionnels de la santé mentale peuvent fournir des conseils, un soutien et des stratégies pour gérer efficacement le stress.

Les avantages de la gestion du stress et du maintien d'une attitude positive

La gestion du stress et le maintien d'une attitude positive sur le lieu de travail peuvent avoir de nombreux avantages pour les individus et les organisations. Voici quelques-uns de ces avantages

- Augmentation de la productivité et de la satisfaction au travail
- Amélioration du bien-être physique et mental
- Amélioration des relations interpersonnelles et du travail d'équipe
- Amélioration des capacités de prise de décision et de résolution de problèmes
- des niveaux de motivation et d'engagement plus élevés
- une réduction des taux d'absentéisme et de rotation du personnel.

En gérant activement le stress et en cultivant une attitude positive, les individus peuvent se créer une expérience professionnelle plus épanouissante et plus réussie et contribuer à une culture professionnelle positive.

En conclusion, la gestion du stress et le maintien d'une attitude positive sur le lieu de travail sont essentiels au bien-être personnel et à la réussite professionnelle. En identifiant les déclencheurs de stress, en pratiquant des techniques de réduction du stress, en développant des compétences de gestion du temps, en recherchant du soutien, en maintenant un équilibre entre vie professionnelle et vie privée, en pratiquant un discours positif sur soi-même et en recherchant une aide professionnelle si nécessaire, les individus peuvent gérer efficacement le stress et cultiver une attitude positive. Les avantages de la gestion du stress et du maintien d'une attitude positive s'étendent au-delà de l'individu et ont un impact positif sur l'environnement de travail global et la réussite de l'organisation.

3.5 L'intelligence de l'attitude au service de la croissance professionnelle

Dans le monde rapide et compétitif de la vie professionnelle, il est essentiel d'avoir une attitude positive et orientée vers le développement pour réussir et s'épanouir. L'intelligence de l'attitude joue un rôle important dans l'élaboration de notre parcours professionnel, en influençant nos choix de carrière et en déterminant notre niveau de satisfaction et d'épanouissement sur le lieu de travail. Cette section explore les différentes façons dont l'intelligence de l'attitude peut contribuer au développement et à l'épanouissement professionnels.

Le pouvoir d'une attitude positive

Une attitude positive est un outil puissant qui peut avoir un impact significatif sur notre développement professionnel. Elle n'affecte pas seulement notre propre état d'esprit et notre comportement, mais influence également la manière dont les autres nous perçoivent et interagissent avec nous. Lorsque nous abordons notre travail avec une attitude positive, nous devenons plus résilients, plus adaptables et plus ouverts aux opportunités d'apprentissage et de croissance.

Une attitude positive nous permet de considérer les défis et les échecs comme des opportunités d'apprentissage et d'amélioration. Au lieu d'être découragées par les échecs, les personnes ayant une attitude positive les considèrent comme des tremplins vers la réussite. Elles sont plus enclines à persévérer, à chercher des solutions et à rebondir après un échec avec une détermination renouvelée.

Cultiver un état d'esprit de croissance

L'intelligence de l'attitude est étroitement liée au concept d'état d'esprit de croissance. Cet état d'esprit consiste à croire que nos capacités et notre intelligence peuvent être développées grâce au dévouement, à l'effort et à l'apprentissage continu. Adopter un état d'esprit de croissance nous permet d'aborder notre développement professionnel avec enthousiasme et avec la volonté de relever de nouveaux défis.

Les personnes qui ont un état d'esprit de croissance n'ont pas peur de sortir de leur zone de confort et d'essayer de nouvelles choses. Elles considèrent les échecs comme des opportunités de croissance et les retours d'information comme des éléments précieux pour s'améliorer. En cultivant un état d'esprit de croissance, nous pouvons libérer tout notre potentiel et nous efforcer en permanence de progresser et de nous développer sur le plan professionnel.

Adopter l'apprentissage continu

L'intelligence de l'attitude nous encourage à adopter un état d'esprit d'apprentissage permanent. Dans le paysage professionnel actuel, qui évolue rapidement, rester pertinent et compétitif exige un engagement en faveur de l'apprentissage continu et du développement des compétences. En adoptant un état d'esprit d'apprentissage continu, nous pouvons améliorer nos connaissances, acquérir de nouvelles compétences et nous adapter à l'évolution des tendances du secteur.

L'apprentissage continu peut prendre diverses formes, comme la participation à des ateliers, des séminaires ou des conférences, l'obtention de diplômes ou de certifications, ou même l'apprentissage autonome grâce à des ressources en ligne. En recherchant activement des opportunités d'apprentissage et de développement, nous démontrons notre engagement en faveur du développement professionnel et nous nous positionnons pour le succès futur.

Construire des relations professionnelles solides

L'intelligence de l'attitude joue également un rôle crucial dans l'établissement et le maintien de relations professionnelles solides. Les attitudes positives sont contagieuses et peuvent créer un environnement de travail harmonieux et favorable. Lorsque nous abordons nos interactions avec nos collègues, nos supérieurs et nos subordonnés avec respect, empathie et une attitude positive, nous favorisons la confiance, la collaboration et une communication efficace.

De solides relations professionnelles sont essentielles à la croissance professionnelle car elles offrent des possibilités de mentorat, de mise en réseau et d'avancement de carrière. En cultivant des relations positives, nous pouvons acquérir des connaissances précieuses, élargir notre réseau professionnel et ouvrir la porte à de nouvelles opportunités.

Prendre des initiatives et rechercher des opportunités de croissance

L'intelligence de l'attitude encourage les individus à prendre des initiatives et à rechercher activement des opportunités de croissance. Au lieu d'attendre que les opportunités se présentent, les personnes dotées d'une intelligence de l'attitude identifient de manière proactive les domaines à améliorer et prennent des mesures pour renforcer leurs compétences et leurs connaissances.

Prendre des initiatives peut impliquer de se porter volontaire pour des projets stimulants, de rechercher des responsabilités supplémentaires ou de saisir des opportunités de développement professionnel. En faisant preuve d'une attitude proactive, nous montrons notre engagement en faveur de la croissance et du développement personnel, ce qui peut conduire à une reconnaissance accrue, à des promotions et à une évolution de carrière.

Accepter le changement et l'adaptabilité

Dans le paysage professionnel dynamique et en constante évolution d'aujourd'hui, la capacité d'adaptation est une compétence cruciale pour le développement professionnel. L'intelligence de l'attitude permet aux individus d'accepter le changement et de le considérer comme une opportunité de croissance plutôt que comme une menace. En conservant une attitude flexible et adaptable, nous pouvons naviguer à travers les incertitudes, adopter de nouvelles technologies et méthodologies et saisir les opportunités émergentes.

L'adaptabilité implique également d'être ouvert au retour d'information et à la critique constructive. En recherchant activement un retour d'information et en l'utilisant pour améliorer nos performances, nous démontrons notre volonté d'apprendre et de progresser. Cette ouverture au retour d'information et cette capacité d'adaptation peuvent contribuer de manière significative à notre croissance et à notre réussite professionnelle.

Équilibre entre ambition et bien-être

L'intelligence de l'attitude met l'accent sur l'importance de maintenir un équilibre sain entre vie professionnelle et vie privée. Si l'ambition et le dynamisme sont essentiels à la croissance professionnelle, il est tout aussi important de donner la priorité à notre bien-être et d'éviter l'épuisement professionnel. L'intelligence attitudinale encourage les individus à se fixer des objectifs réalistes, à gérer leur temps de manière efficace et à prendre soin d'eux-mêmes.

En maintenant un bon équilibre entre vie professionnelle et vie privée, nous pouvons préserver notre motivation, notre créativité et notre productivité à long terme. Prendre soin de notre bien-être physique et mental nous permet de donner le meilleur de nous-mêmes sur le lieu de travail, de prendre de meilleures décisions et de parvenir à une croissance professionnelle durable.

En conclusion, l'intelligence de l'attitude est un facteur essentiel de la croissance et du développement professionnels. En cultivant une attitude positive, en adoptant un état d'esprit de croissance, en apprenant en permanence, en établissant des relations solides, en prenant des initiatives, en s'adaptant au changement et en conciliant ambition et bien-être, nous pouvons libérer tout notre potentiel et réussir à long terme dans notre vie professionnelle. L'intelligence de l'attitude n'est pas seulement bénéfique pour notre croissance individuelle, elle contribue également à créer un environnement de travail positif et prospère.

3.6 Attitude et équilibre entre vie professionnelle et vie privée

L'équilibre entre vie professionnelle et vie privée est un aspect crucial de notre vie qui a un impact direct sur notre bien-être et notre bonheur en général. Il s'agit de l'équilibre entre nos engagements professionnels et nos responsabilités personnelles, qui nous permet de gérer efficacement ces deux domaines sans nous sentir débordés ou épuisés. L'intelligence de l'attitude joue un rôle important dans la réalisation et le maintien d'un bon équilibre entre vie professionnelle et vie privée.

L'importance de l'équilibre entre vie professionnelle et vie privée

Dans le monde rapide et compétitif d'aujourd'hui, de nombreuses personnes ont du mal à trouver un équilibre entre leur vie professionnelle et leur vie personnelle. Les exigences du monde du travail moderne, associées aux obligations personnelles, peuvent souvent entraîner du stress, de la fatigue et un sentiment d'insatisfaction. Il est essentiel de reconnaître l'importance de l'équilibre entre vie professionnelle et vie privée et son impact sur notre bien-être mental, émotionnel et physique.

Lorsque nous négligeons notre vie personnelle au profit du travail, nos relations, notre santé et notre bonheur général risquent de se dégrader. En revanche, si nous négligeons nos responsabilités professionnelles, cela peut entraîner une stagnation de notre carrière, voire mettre en péril notre sécurité d'emploi. Un bon équilibre entre vie professionnelle et vie privée nous permet d'exceller dans les deux domaines, ce qui se traduit par une productivité accrue, une plus grande satisfaction au travail et une vie personnelle plus épanouie.

L'intelligence de l'attitude et l'équilibre entre vie professionnelle et vie privée

L'intelligence de l'attitude joue un rôle essentiel dans le maintien d'un bon équilibre entre vie professionnelle et vie privée. Elle implique de cultiver un état d'esprit positif, d'adopter des stratégies d'adaptation efficaces et de développer la capacité à établir des priorités et à gérer efficacement son temps. En exploitant le pouvoir de l'intelligence de l'attitude, nous pouvons relever les défis de l'équilibre entre le travail et la vie personnelle avec grâce et résilience.

1. Cultiver une attitude positive

Une attitude positive est le fondement d'un bon équilibre entre vie professionnelle et vie privée. Elle nous permet d'aborder les défis avec optimisme, de trouver de la joie dans nos activités quotidiennes et de conserver un sentiment de gratitude. En cultivant une attitude positive, nous pouvons créer un environnement harmonieux où le travail et la vie personnelle coexistent paisiblement.

2. Fixer des limites

Il est essentiel de fixer des limites claires entre le travail et la vie personnelle pour maintenir un équilibre sain. L'intelligence de l'attitude nous aide à établir ces limites en reconnaissant l'importance de consacrer du temps et de l'énergie à ces deux aspects de notre vie. En fixant des limites, nous pouvons éviter le surmenage, prévenir l'épuisement professionnel et nous assurer que nous avons suffisamment de temps pour nous-mêmes et pour nos proches.

3. Gestion efficace du temps

L'intelligence de l'attitude nous permet de gérer efficacement notre temps, en veillant à consacrer suffisamment de temps à notre travail et à nos engagements personnels. En hiérarchisant les tâches, en fixant des objectifs réalistes et en évitant la procrastination, nous pouvons optimiser notre productivité et créer de l'espace pour les loisirs, la détente et l'épanouissement personnel.

4. Gestion du stress

Le stress est un facteur courant qui peut perturber l'équilibre entre vie professionnelle et vie privée. L'intelligence de l'attitude nous dote des outils nécessaires pour gérer efficacement le stress. En adoptant des techniques de réduction du stress telles que la pleine conscience, l'exercice et les soins personnels, nous pouvons minimiser l'impact négatif du stress sur notre bien-être et maintenir un équilibre sain entre le travail et la vie personnelle.

5. Flexibilité et adaptabilité

L'intelligence de l'attitude encourage la flexibilité et l'adaptabilité dans notre approche du travail et de la vie personnelle. Elle nous aide à accepter le changement, à relever des défis inattendus et à ajuster nos priorités en conséquence. En étant ouvert à de nouvelles possibilités et en trouvant des solutions créatives, nous pouvons maintenir un bon équilibre entre vie professionnelle et vie privée, même face à des circonstances imprévues.

Stratégies pour atteindre l'équilibre entre vie professionnelle et vie privée

Pour parvenir à un équilibre entre vie professionnelle et vie privée, il est essentiel de mettre en œuvre des stratégies pratiques qui s'alignent sur l'intelligence des attitudes. Voici quelques stratégies à envisager :

1. **Donner la priorité aux soins personnels :** Consacrez du temps à des activités qui favorisent votre bien-être physique, mental et émotionnel, comme l'exercice, les passe-temps et la relaxation.

2. **Fixer des limites :** Définissez clairement vos horaires de travail et votre temps personnel, et communiquez-les efficacement à vos collègues, à vos amis et à votre famille.

3. **Déléguez et demandez de l'aide :** Apprenez à déléguer des tâches au travail et demandez le soutien de vos proches pour alléger votre charge et vous accorder plus de temps.

4. **Gérez efficacement votre temps :** Utilisez des outils et des techniques tels que des listes de tâches, des calendriers et des méthodes de hiérarchisation pour gérer efficacement votre temps et éviter tout stress inutile.

5. **Se déconnecter du travail :** Réservez des périodes pour vous déconnecter des activités liées au travail, par exemple en désactivant les notifications des courriels ou en évitant les discussions liées au travail pendant votre temps libre.

6. **Favoriser une communication ouverte :** Maintenez une communication ouverte et honnête avec votre employeur, vos collègues et vos proches au sujet de vos besoins et de vos préoccupations en matière d'équilibre entre vie professionnelle et vie privée.

7. **Accepter la flexibilité :** Adoptez, si possible, des modalités de travail flexibles qui vous permettent d'équilibrer plus efficacement vos engagements professionnels et personnels.

8. **Évaluez et réévaluez régulièrement :** Évaluez en permanence votre équilibre entre vie professionnelle et vie privée et procédez aux ajustements nécessaires. Les priorités et les circonstances peuvent changer, il est donc important de réévaluer et de réorienter régulièrement votre approche.

N'oubliez pas que l'équilibre entre vie professionnelle et vie privée est un processus continu qui exige des efforts et un engagement conscient. En intégrant l'intelligence des attitudes dans votre vie quotidienne et en mettant en œuvre ces stratégies, vous pouvez créer un équilibre harmonieux et satisfaisant entre vos responsabilités professionnelles et personnelles.

Chapitre 4

L'intelligence de l'attitude dans la santé et le bien-être

4.1 Attitude et santé physique

La santé physique est un aspect crucial de notre bien-être général et elle est influencée par divers facteurs, dont notre attitude. L'intelligence de l'attitude joue un rôle important dans le maintien et l'amélioration de notre santé physique. Notre état d'esprit, nos croyances et nos attitudes à l'égard de notre corps, de l'exercice, de la nutrition et des soins personnels peuvent avoir un impact considérable sur notre bien-être physique.

La connexion corps-esprit

L'esprit et le corps sont interconnectés et nos attitudes peuvent avoir un effet profond sur notre santé physique. La recherche a montré que les émotions négatives, telles que le stress, l'anxiété et la colère, peuvent contribuer au développement de divers problèmes de santé, notamment les maladies cardiovasculaires, l'affaiblissement du système immunitaire et les douleurs chroniques. En revanche, une attitude positive peut améliorer notre santé physique et favoriser notre bien-être général.

Attitude et stress

Le stress fait partie intégrante de la vie, et la façon dont nous le percevons et y répondons peut avoir un impact significatif sur notre santé physique. Lorsque nous adoptons une attitude négative à l'égard du stress, que nous considérons comme accablant et nuisible, cela peut avoir des effets néfastes sur notre organisme. Le stress chronique peut affaiblir notre système immunitaire, augmenter le risque de développer des maladies chroniques et affecter négativement nos habitudes de sommeil.

Cependant, en adoptant une attitude intelligente, nous pouvons changer notre point de vue sur le stress. En considérant le stress comme une réponse naturelle qui peut être gérée et utilisée comme catalyseur de croissance, nous pouvons réduire son impact négatif sur notre santé physique. Adopter une attitude positive face au stress nous permet de développer des mécanismes d'adaptation efficaces, tels que les techniques de relaxation, l'exercice physique et la recherche du soutien des autres.

Attitude et exercice physique

L'exercice physique est essentiel au maintien de la santé physique, et notre attitude à son égard peut grandement influencer notre motivation et notre engagement à pratiquer une activité physique régulière. Une attitude positive à l'égard de l'exercice peut le rendre agréable et accroître notre adhésion à un programme de remise en forme. Lorsque nous abordons l'exercice avec enthousiasme et que nous sommes convaincus de ses bienfaits, nous sommes plus susceptibles de nous y adonner régulièrement.

L'intelligence de l'attitude nous aide également à surmonter les obstacles et les défis liés à l'exercice. Au lieu de considérer l'activité physique comme une corvée ou quelque chose que nous devons faire, nous pouvons cultiver un état d'esprit qui la considère comme une opportunité de développement personnel, de soin de soi et d'amélioration du bien-être. En se concentrant sur les résultats positifs de l'exercice, tels que l'augmentation de l'énergie, l'amélioration de l'humeur et une meilleure condition physique, nous pouvons maintenir un engagement à long terme envers notre santé physique.

Attitude et nutrition

Notre attitude à l'égard de la nutrition et des choix alimentaires joue également un rôle important dans notre santé physique. Une attitude positive à l'égard d'une alimentation saine peut conduire à de meilleurs choix alimentaires et à un régime équilibré. Lorsque nous considérons les aliments nutritifs comme nourrissants et bénéfiques pour notre corps, nous sommes plus enclins à les intégrer à nos repas quotidiens.

L'intelligence de l'attitude nous aide à développer une relation saine avec la nourriture en encourageant l'alimentation consciente et la conscience de soi. En prenant conscience de nos attitudes vis-à-vis de la nourriture, telles que l'alimentation émotionnelle ou les comportements restrictifs, nous pouvons faire des choix conscients qui favorisent notre santé physique. Cultiver une attitude positive à l'égard de la nutrition implique d'adopter une approche équilibrée, d'apprécier une variété d'aliments et de pratiquer la modération.

Attitude et soins personnels

L'auto soin est un aspect essentiel du maintien de la santé physique, et notre attitude à l'égard des pratiques d'auto soin peut avoir un impact considérable sur leur efficacité. Lorsque nous donnons la priorité aux soins personnels et que nous les considérons comme un investissement nécessaire à notre bien-être, nous sommes plus enclins à nous engager dans des activités qui favorisent la santé physique, comme dormir suffisamment, pratiquer des techniques de relaxation et prendre des pauses lorsque c'est nécessaire.

L'intelligence de l'attitude nous aide à surmonter toute culpabilité ou croyance négative associée aux soins personnels. En reconnaissant que prendre soin de soi n'est pas égoïste mais plutôt une composante essentielle de la santé globale, nous pouvons développer une attitude positive à l'égard des soins que nous nous prodiguons à nous-mêmes. Cet état d'esprit positif nous permet de faire de l'auto soin une priorité et de récolter les bénéfices d'une meilleure santé physique et d'un plus grand bien-être.

En conclusion, l'intelligence de l'attitude joue un rôle crucial dans notre santé physique. En cultivant une attitude positive à l'égard du stress, de l'exercice, de la nutrition et des soins personnels, nous pouvons améliorer notre bien-être général. Nos attitudes façonnent nos comportements et nos choix, et en adoptant un état d'esprit favorable à la santé physique, nous pouvons mener une vie plus saine et plus épanouissante.

4.2 Bien-être mental et intelligence de l'attitude

Le bien-être mental est un aspect crucial de notre santé et de notre bonheur en général. Il englobe notre bien-être émotionnel, psychologique et social et joue un rôle important dans notre façon de penser, de ressentir et d'agir. Notre bien-être mental influe sur la manière dont nous gérons le stress, prenons des décisions, nouons des relations et faisons face aux défis de la vie. L'intelligence de l'attitude, qui consiste à cultiver un état d'esprit et une perspective positifs, joue un rôle essentiel dans la promotion et le maintien d'un bon bien-être mental.

L'intelligence de l'attitude est la capacité de comprendre, de gérer et de contrôler nos attitudes et nos émotions de manière à améliorer notre bien-être mental. Elle implique le développement d'une attitude positive, de la résilience et de l'intelligence émotionnelle pour traverser les hauts et les bas de la vie. En exploitant le pouvoir de l'intelligence de l'attitude, nous pouvons améliorer notre bien-être mental et mener une vie plus épanouissante et plus équilibrée.

L'un des principaux aspects de l'intelligence de l'attitude en relation avec le bien-être mental est la capacité à cultiver une attitude positive. Une attitude positive se caractérise par l'optimisme, la gratitude et la conviction que l'on est capable de surmonter les difficultés. Elle nous permet d'aborder la vie avec un sentiment d'espoir et de résilience, même face à l'adversité. Des recherches ont montré que les personnes ayant une attitude positive sont plus susceptibles de connaître des niveaux de stress, d'anxiété et de dépression moins élevés, et d'avoir une meilleure santé mentale globale.

L'intelligence de l'attitude implique également le développement de l'intelligence émotionnelle, qui est la capacité de reconnaître, de comprendre et de gérer ses propres émotions et celles des autres. L'intelligence émotionnelle nous permet de traverser des émotions difficiles, telles que la colère, la tristesse ou la peur, d'une manière saine et constructive. En étant conscient de nos émotions et en comprenant leur impact sur notre bien-être mental, nous pouvons choisir consciemment de réagir aux situations difficiles de manière plus positive et plus adaptée.

En outre, l'intelligence des attitudes joue un rôle crucial dans le développement de la résilience, qui est la capacité à rebondir après un échec et à s'adapter au changement. La résilience est essentielle au maintien d'un bon bien-être mental, car elle nous aide à faire face au stress, à surmonter les obstacles et à nous remettre d'expériences difficiles. En développant un état d'esprit résilient, nous pouvons considérer les défis comme des opportunités de croissance, tirer des leçons des échecs et conserver une attitude positive même face à l'adversité.

L'intelligence de l'attitude englobe également les soins personnels et l'auto compassion, qui sont essentiels au maintien d'un bon bien-être mental. Prendre soin de ses besoins physiques, émotionnels et psychologiques est crucial pour la santé et le bonheur en général. En prenant soin de soi, par exemple en dormant suffisamment, en mangeant des aliments nutritifs, en faisant régulièrement de l'exercice et en s'adonnant à des activités qui nous procurent joie et détente, nous pouvons améliorer notre bien-être mental. En outre, cultiver l'auto compassion consiste à se traiter avec gentillesse, compréhension et acceptation, en particulier dans les moments de difficulté ou d'échec. En pratiquant l'auto compassion, nous pouvons réduire l'autocritique, augmenter l'estime de soi et favoriser une attitude positive envers nous-mêmes.

L'intelligence de l'attitude implique également le développement de stratégies d'adaptation efficaces pour gérer le stress et maintenir le bien-être mental. Le stress fait naturellement partie de la vie, mais la façon dont nous le percevons et y répondons peut avoir un impact significatif sur notre santé mentale. En cultivant une attitude positive et en développant des mécanismes d'adaptation sains, tels que la pratique de la pleine conscience, les techniques de relaxation, la recherche d'un soutien social et la participation à des activités qui nous apportent joie et satisfaction, nous pouvons gérer efficacement le stress et promouvoir notre bien-être mental.

En conclusion, l'intelligence de l'attitude joue un rôle crucial dans la promotion et le maintien d'un bon bien-être mental. En cultivant une attitude positive, en développant l'intelligence émotionnelle, en renforçant la résilience, en prenant soin de soi, en faisant preuve d'auto compassion et en élaborant des stratégies d'adaptation efficaces, nous pouvons améliorer notre bien-être mental et mener une vie plus épanouissante et plus équilibrée. L'intelligence de l'attitude nous permet de relever les défis de la vie avec grâce et optimisme, et nous permet de construire une base solide pour notre santé mentale et notre bonheur. En accordant la priorité à notre bien-être mental et en investissant dans le développement de notre intelligence de l'attitude, nous pouvons libérer tout notre potentiel et vivre une vie pleine d'objectifs, d'épanouissement et de joie.

4.3 Attitude et résilience émotionnelle

La résilience émotionnelle est la capacité à s'adapter et à rebondir après des situations difficiles, des revers et des défis. Elle est un aspect crucial de notre bien-être général et joue un rôle important dans notre capacité à traverser les hauts et les bas de la vie. L'intelligence de l'attitude, qui consiste à cultiver un état d'esprit et des perspectives positifs, est étroitement liée à la résilience émotionnelle.

Une attitude positive peut grandement améliorer notre résilience émotionnelle. Lorsqu'elles sont confrontées à l'adversité, les personnes ayant une attitude positive sont plus susceptibles de considérer les défis comme des opportunités de croissance et d'apprentissage. Elles abordent les situations difficiles avec optimisme et croient en leur capacité à surmonter les obstacles. Cet état d'esprit leur permet de maintenir une stabilité émotionnelle et de rebondir plus rapidement en cas de revers.

L'une des composantes clés de la résilience émotionnelle est la capacité à gérer et à réguler efficacement nos émotions. L'intelligence de l'attitude nous aide à développer cette compétence en nous apprenant à être conscients de nos émotions et à choisir la manière dont nous y répondons. Au lieu de laisser les émotions négatives nous submerger, nous pouvons utiliser notre attitude positive pour recadrer la situation et trouver des moyens constructifs d'y faire face.

Une attitude positive nous permet également de garder le sens des proportions dans les moments difficiles. Elle nous aide à nous concentrer sur la situation dans son ensemble et à ne pas nous laisser distraire par des revers temporaires. En conservant une perspective positive, nous pouvons éviter de tomber dans un cycle de négativité et de doute de soi. Cette résilience nous permet de rester motivés et de continuer à aller de l'avant, même lorsque nous sommes confrontés à l'adversité.

L'intelligence de l'attitude joue également un rôle crucial dans le développement de la confiance en soi, qui est essentielle à la résilience émotionnelle. Lorsque nous avons une attitude positive, nous croyons en nous-mêmes et en nos capacités. Cette confiance en soi nous donne l'assurance nécessaire pour relever les défis et persévérer, même dans les moments difficiles. Elle nous permet d'avoir confiance en notre propre résilience et de rebondir après un échec avec une détermination renouvelée.

En outre, une attitude positive nous aide à développer des stratégies d'adaptation efficaces pour gérer le stress et les difficultés émotionnelles. Au lieu de s'attarder sur des émotions négatives ou d'adopter des comportements improductifs, les personnes ayant une attitude positive sont plus susceptibles de chercher des exutoires sains à leurs émotions. Elles peuvent s'engager dans des activités telles que l'exercice, la méditation ou la tenue d'un journal pour traiter leurs sentiments et maintenir un équilibre émotionnel.

L'intelligence de l'attitude favorise également le sens de la gratitude et de l'appréciation, ce qui peut grandement améliorer la résilience émotionnelle. Lorsque nous cultivons une attitude positive, nous apprenons à nous concentrer sur les aspects positifs de notre vie et à exprimer notre gratitude. Ce changement d'état d'esprit nous permet de trouver la joie et le contentement, même dans l'adversité. Il nous aide à garder le sens des proportions et nous rappelle les nombreuses bénédictions dont nous bénéficions, ce qui peut être une puissante source de force émotionnelle.

Outre ces avantages individuels, une attitude positive et la résilience émotionnelle ont également un impact positif sur nos relations. Lorsque nous abordons les interactions avec une attitude positive, nous sommes plus à même de gérer les conflits et les désaccords de manière constructive. Nous sommes plus à même de faire preuve d'empathie envers les autres, de comprendre leur point de vue et de trouver un terrain d'entente. Cette capacité à maintenir un équilibre émotionnel et à réagir avec empathie renforce nos relations et favorise un environnement social positif.

En conclusion, l'intelligence de l'attitude et la résilience émotionnelle sont étroitement liées. Une attitude positive améliore notre capacité à rebondir après un échec, à gérer efficacement nos émotions et à garder le sens des proportions dans les moments difficiles. Elle nous permet de développer des stratégies d'adaptation efficaces, de renforcer notre confiance en nous et de cultiver la gratitude. En cultivant notre intelligence de l'attitude, nous pouvons développer une résilience émotionnelle qui a un impact positif sur tous les aspects de notre vie, des relations personnelles à la réussite professionnelle, en passant par le bien-être général.

4.4 Cultiver une attitude positive pour une meilleure santé

Une attitude positive n'est pas seulement bénéfique pour notre bien-être mental et émotionnel, elle joue également un rôle important dans notre santé physique. Cultiver une attitude positive peut avoir un impact profond sur notre santé et notre bien-être en général. Dans cette section, nous explorerons le lien entre l'intelligence de l'attitude et l'amélioration de la santé, et nous discuterons des stratégies permettant de cultiver une attitude positive pour améliorer le bien-être physique.

Le lien entre le corps et l'esprit

L'esprit et le corps sont intimement liés, et nos pensées et nos émotions peuvent avoir un impact direct sur notre santé physique. Des recherches ont montré que les personnes ayant une attitude positive ont tendance à avoir une meilleure santé globale que celles qui ont une attitude négative. Une attitude positive peut renforcer notre système immunitaire, réduire notre niveau de stress et améliorer notre capacité à faire face à la maladie et à la douleur.

Réduction du stress

Le stress est un facteur courant dans notre vie quotidienne, et le stress chronique peut avoir des effets néfastes sur notre santé. Cependant, le maintien d'une attitude positive peut contribuer à réduire le niveau de stress et son impact négatif sur notre corps. Lorsque nous abordons les situations stressantes avec un état d'esprit positif, nous sommes mieux armés pour les gérer efficacement. La pensée positive peut nous aider à considérer les défis comme des opportunités de croissance et à trouver des solutions au lieu de nous appesantir sur le problème.

Renforcer le système immunitaire

Notre système immunitaire joue un rôle crucial dans la protection contre les maladies et les infections. Des études ont montré qu'une attitude positive peut améliorer le fonctionnement de notre système immunitaire et nous rendre moins sensibles aux maladies. Les émotions positives, telles que le bonheur et l'optimisme, peuvent augmenter la production d'anticorps et activer les cellules immunitaires, renforçant ainsi les mécanismes de défense de notre corps.

Récupération et guérison plus rapides

Une attitude positive peut également contribuer à accélérer le rétablissement et la guérison. Lorsque nous conservons un état d'esprit positif, nous créons un environnement propice à la guérison et favorisons la capacité naturelle de l'organisme à se réparer. Les pensées et les émotions positives peuvent stimuler la libération d'endorphines, qui sont des analgésiques naturels, et favoriser la production de facteurs de croissance qui aident à la réparation des tissus.

Choix d'un mode de vie sain

Cultiver une attitude positive peut également influencer nos choix de vie, ce qui se traduit par de meilleurs résultats en matière de santé. Lorsque nous avons un état d'esprit positif, nous sommes plus enclins à adopter des comportements sains tels qu'une activité physique régulière, une alimentation équilibrée et un sommeil adéquat. Ces choix de vie sont essentiels pour maintenir une santé physique optimale et peuvent avoir un impact significatif sur notre bien-être général.

Stratégies pour cultiver une attitude positive pour une meilleure santé

1. **Pratiquer la gratitude :** Cultiver un sentiment de gratitude peut nous permettre de nous concentrer sur les aspects positifs de notre vie. Prenez quelques instants chaque jour pour réfléchir aux choses dont vous êtes reconnaissant, qu'il s'agisse du soutien de vos proches, d'une bonne santé ou de plaisirs simples.

2. **Parler de soi de manière positive :** Soyez attentif à votre dialogue intérieur et remplacez votre discours négatif par des affirmations positives. Encouragez-vous, célébrez vos réussites et rappelez-vous vos forces et vos capacités.

3. **Entourez-vous de positivité :** Entourez-vous d'influences positives, qu'il s'agisse d'amis et de membres de votre famille qui vous soutiennent ou de livres, de musique et de médias édifiants. Limitez l'exposition à la négativité et recherchez des sources d'inspiration et de motivation.

4. **Pratiquer la pleine conscience :** La pleine conscience consiste à être pleinement présent dans l'instant et à observer nos pensées et nos émotions sans porter de jugement. Une pratique régulière de la pleine conscience peut nous aider à prendre conscience des schémas de pensée négatifs et à les remplacer par des schémas positifs et constructifs.

5. **S'adonner à des activités qui procurent de la joie :** Identifiez les activités qui vous procurent de la joie et prenez le temps de les pratiquer régulièrement. S'adonner à des passe-temps, passer du temps dans la nature ou s'adonner à des activités créatives peut améliorer votre humeur et votre bien-être général.

6. **Prenez soin de votre santé physique :** La santé physique et le bien-être mental sont étroitement liés. Prenez soin de vous en priorité en faisant régulièrement de l'exercice, en adoptant un régime alimentaire équilibré, en dormant suffisamment et en pratiquant des techniques de relaxation telles que la respiration profonde ou la méditation.

7. **Cherchez du soutien :** Entourez-vous d'un réseau de soutien composé d'amis, de membres de la famille ou de professionnels qui peuvent vous guider et vous encourager. Le fait de partager vos difficultés et de chercher du soutien peut vous aider à conserver une attitude positive dans les moments difficiles.

N'oubliez pas que l'adoption d'une attitude positive est un processus qui dure toute la vie. Elle nécessite des efforts constants et de la pratique. En intégrant ces stratégies dans votre vie quotidienne, vous pouvez cultiver une attitude positive qui non seulement améliore votre bien-être général, mais contribue également à une meilleure santé physique. Adoptez le pouvoir de l'intelligence de l'attitude et libérez le potentiel d'une vie plus saine et plus heureuse.

Chapitre 5

L'intelligence de l'attitude dans le développement personnel

5.1 Attitude et confiance en soi

La confiance en soi est un aspect crucial du développement personnel et joue un rôle important dans notre attitude générale à l'égard de la vie. L'intelligence de l'attitude, qui met l'accent sur la culture d'un état d'esprit positif, peut avoir un impact considérable sur notre niveau de confiance en soi. Dans cette section, nous examinerons la relation entre l'attitude et la confiance en soi et la manière dont le développement de l'intelligence de l'attitude peut améliorer notre confiance en nous-mêmes.

Le pouvoir de l'attitude dans la construction de la confiance en soi

L'attitude et la confiance en soi sont étroitement liées. L'attitude que nous adoptons vis-à-vis de nous-mêmes, de nos capacités et de notre potentiel détermine notre niveau de confiance en soi. Une attitude positive nous permet de croire en nos capacités, de relever les défis et de persister face aux échecs. À l'inverse, une attitude négative peut saper notre confiance en nous, ce qui nous amène à douter de nous-mêmes et à craindre l'échec.

L'intelligence de l'attitude nous aide à développer un état d'esprit positif en nous concentrant sur la connaissance de soi, la confiance en soi et l'autonomisation. En comprenant nos forces, en reconnaissant nos faiblesses et en adoptant un état d'esprit de croissance, nous pouvons cultiver une solide base de confiance en soi.

Acceptation et amour de soi

L'intelligence de l'attitude nous encourage à pratiquer l'acceptation et l'amour de soi, qui sont essentiels pour développer la confiance en soi. Lorsque nous nous acceptons tels que nous sommes, avec nos défauts et nos imperfections, nous nous libérons du fardeau de la comparaison et de l'auto-jugement. Cette acceptation nous permet de développer une attitude positive envers nous-mêmes, ce qui se traduit par une plus grande confiance en soi.

L'amour de soi est un autre aspect essentiel de l'intelligence de l'attitude. En nourrissant un sentiment profond d'amour et de compassion pour nous-mêmes, nous construisons une base solide de confiance en soi. Lorsque nous croyons sincèrement en notre valeur, nous abordons les défis avec une attitude positive, sachant que nous méritons le succès et le bonheur.

Surmonter les croyances auto limitatives

Les croyances auto limitatives sont des pensées et des croyances négatives que nous entretenons à notre sujet et qui entravent notre confiance en nous et notre développement personnel. L'intelligence de l'attitude nous aide à identifier et à remettre en question ces croyances auto limitatives, en les remplaçant par des pensées positives et valorisantes.

En cultivant un état d'esprit de croissance, nous comprenons que nos capacités et nos talents peuvent être développés grâce au dévouement et à l'effort. Ce changement d'attitude nous permet de surmonter nos doutes et de considérer les défis comme des opportunités de croissance. Au fur et à mesure que nous remettons en question nos croyances auto limitatives et que nous les remplaçons par des pensées positives, notre confiance en soi augmente naturellement.

Fixer et atteindre des objectifs

La fixation d'objectifs fait partie intégrante du développement personnel et joue un rôle important dans la construction de la confiance en soi. Attitude intelligence souligne l'importance de se fixer des objectifs réalistes et réalisables qui correspondent à nos valeurs et à nos aspirations. En se fixant des objectifs clairs, on se donne une direction et un but, ce qui renforce la confiance en soi.

L'intelligence de l'attitude nous apprend également à aborder la fixation d'objectifs avec une attitude positive. Au lieu de nous concentrer uniquement sur le résultat final, nous apprenons à apprécier le chemin parcouru et les progrès réalisés en cours de route. Cette attitude positive à l'égard de la fixation d'objectifs nous permet de garder confiance en nous, même face aux obstacles et aux revers.

Cultiver un dialogue intérieur positif

Notre dialogue intérieur, c'est-à-dire les pensées et les croyances que nous avons sur nous-mêmes, influence grandement notre confiance en soi. L'intelligence de l'attitude nous encourage à cultiver un dialogue intérieur positif en pratiquant l'affirmation de soi et le dialogue positif.

En remplaçant consciemment les pensées négatives par des pensées positives et valorisantes, nous pouvons modifier notre état d'esprit et renforcer notre confiance en soi. Au lieu de nous attarder sur nos faiblesses et nos échecs, nous nous concentrons sur nos points forts et nos succès passés. Ce changement d'attitude nous permet d'aborder les défis avec un sentiment d'assurance et de confiance en nos capacités.

Recherche de la croissance et de l'apprentissage continu

L'intelligence de l'attitude reconnaît l'importance de l'apprentissage continu et de la croissance personnelle dans le développement de la confiance en soi. En adoptant un état d'esprit d'apprentissage permanent, nous nous ouvrons à de nouvelles expériences, connaissances et compétences. Cette croissance continue élargit non seulement nos capacités, mais renforce également notre confiance en soi.

Lorsque nous recherchons activement des occasions d'apprendre et de progresser, nous développons un sentiment de compétence et de maîtrise. Ce sentiment d'accomplissement alimente notre confiance en soi, car nous devenons plus confiants dans nos capacités à gérer les différents aspects de la vie.

En conclusion, l'intelligence de l'attitude joue un rôle essentiel dans le développement de la confiance en soi. En cultivant une attitude positive, en s'acceptant soi-même, en remettant en question les croyances qui nous limitent, en se fixant et en atteignant des objectifs, en nourrissant un dialogue intérieur positif et en recherchant une croissance continue, nous pouvons renforcer notre confiance en nous et aborder la vie avec une forte conviction en nous-mêmes. Le développement de l'intelligence de l'attitude est un voyage qui dure toute la vie et qui nous permet de surmonter les défis, de saisir les opportunités et de vivre une vie épanouie et confiante.

5.2 Fixation d'objectifs et intelligence de l'attitude

La fixation d'objectifs est un aspect essentiel du développement et de l'accomplissement personnels. Elle fournit une orientation, une motivation et un but dans la vie. Lorsqu'elle est associée à l'intelligence de l'attitude, la fixation d'objectifs devient encore plus puissante et efficace. L'intelligence de l'attitude est la capacité à cultiver un état d'esprit positif, à surmonter les obstacles et à maintenir une attitude résiliente dans la poursuite des objectifs. Dans cette section, nous examinerons comment l'intelligence de l'attitude influence la fixation d'objectifs et comment elle peut être exploitée pour réussir dans divers domaines de la vie.

Le rôle de l'attitude dans la fixation des objectifs

L'attitude joue un rôle crucial dans la fixation des objectifs, car elle détermine notre état d'esprit et l'approche que nous adoptons pour atteindre nos objectifs. Une attitude positive nous permet de croire en nos capacités, de rester motivés et de persévérer face aux défis. En revanche, une attitude négative peut entraver les progrès, susciter le doute et entraîner un manque d'engagement.

Lorsque l'on se fixe des objectifs, il est important d'adopter une attitude positive. Cela implique de cultiver la confiance en ses propres capacités, de rester optimiste et d'adopter un état d'esprit de croissance. Avec une attitude positive, nous sommes plus susceptibles de nous fixer des objectifs ambitieux et significatifs, ainsi que de rester résilients et motivés tout au long de notre parcours.

Aligner l'attitude sur les objectifs

Pour exploiter efficacement l'intelligence de l'attitude dans la fixation des objectifs, il est essentiel d'aligner notre attitude sur nos objectifs. Cela signifie qu'il faut s'assurer que notre état d'esprit, nos croyances et nos valeurs sont en harmonie avec les objectifs que nous souhaitons atteindre. Lorsque notre attitude est en accord avec nos objectifs, nous sommes plus susceptibles de rester engagés, de prendre des mesures cohérentes et de surmonter les obstacles qui se dressent sur notre chemin.

L'une des façons d'aligner l'attitude sur les objectifs est de fixer des objectifs qui ont une signification personnelle et qui sont en accord avec nos valeurs. Lorsque nous avons un lien émotionnel fort avec nos objectifs, nous sommes plus susceptibles de conserver une attitude positive et de rester motivés, même lorsque nous sommes confrontés à des défis. En outre, il est important d'évaluer et d'ajuster régulièrement notre attitude pour s'assurer qu'elle reste en phase avec l'évolution de nos objectifs et de nos aspirations.

Développer une attitude de possibilité

L'attitude de possibilité est un élément clé de l'intelligence de l'attitude dans la fixation des objectifs. Elle consiste à cultiver un état d'esprit qui met l'accent sur les opportunités, la croissance et les solutions plutôt que sur les limitations et les obstacles. Avec une attitude de possibilité, nous sommes plus enclins à fixer des objectifs ambitieux, à considérer les défis comme des opportunités d'apprentissage et à persister face aux échecs.

Pour développer une attitude positive, il est important de remettre en question les croyances limitatives et de les remplacer par des croyances positives. Cela peut se faire par l'autoréflexion, les affirmations positives et le fait de s'entourer de personnes optimistes qui nous soutiennent. En choisissant consciemment d'adopter une attitude positive, nous nous ouvrons à de nouvelles possibilités et augmentons nos chances d'atteindre nos objectifs.

Surmonter les obstacles grâce à l'intelligence de l'attitude

Les obstacles font inévitablement partie de tout parcours visant à atteindre des objectifs. Toutefois, grâce à l'intelligence de l'attitude, nous pouvons les surmonter plus efficacement et conserver un état d'esprit positif. L'intelligence de l'attitude nous permet de considérer les obstacles comme des opportunités de croissance, de tirer des leçons des échecs et de trouver des solutions alternatives.

Lorsque l'on est confronté à des obstacles, il est important de les aborder avec un état d'esprit orienté vers la recherche de solutions. Cela implique de considérer les défis comme des opportunités, de rechercher du soutien et des conseils en cas de besoin et de conserver une attitude positive même face à l'adversité. En tirant parti de l'intelligence de l'attitude, nous pouvons surmonter les obstacles avec résilience, créativité et détermination.

Le pouvoir de la visualisation et des affirmations positives

La visualisation et les affirmations positives sont des outils puissants qui peuvent améliorer la fixation d'objectifs et l'intelligence des attitudes. La visualisation consiste à s'imaginer mentalement en train d'atteindre ses objectifs et à ressentir les émotions et les sensations qui y sont associées. Les affirmations positives, quant à elles, sont des déclarations qui renforcent les croyances et les attitudes positives.

En visualisant régulièrement nos objectifs et en affirmant des croyances positives, nous pouvons renforcer notre intelligence de l'attitude. La visualisation aide à créer une image mentale claire des résultats souhaités, tandis que les affirmations positives renforcent les croyances et les attitudes positives. Non seulement ces pratiques renforcent la motivation et la concentration, mais elles contribuent également à aligner notre subconscient sur nos objectifs conscients.

Célébrer les étapes importantes et pratiquer la gratitude

Dans la poursuite de nos objectifs, il est important de célébrer les étapes importantes et de pratiquer la gratitude tout au long du chemin. La célébration des étapes nous permet de reconnaître nos progrès, de stimuler notre motivation et de maintenir une attitude positive. Elle procure un sentiment d'accomplissement et renforce la conviction que nous sommes capables d'atteindre nos objectifs.

Pratiquer la gratitude, c'est exprimer sa reconnaissance pour le chemin parcouru, les leçons apprises et le soutien reçu. La gratitude aide à cultiver une attitude positive en déplaçant notre attention de ce qui manque à ce que nous avons déjà. En reconnaissant et en exprimant régulièrement notre gratitude, nous pouvons maintenir un état d'esprit positif et améliorer notre intelligence de l'attitude.

Conclusion

La fixation d'objectifs est un outil puissant pour le développement et la réalisation personnels. Lorsqu'il est associé à l'intelligence de l'attitude, il devient encore plus efficace. L'intelligence de l'attitude influence la fixation d'objectifs en façonnant notre état d'esprit, en alignant notre attitude sur nos objectifs et en nous permettant de surmonter les obstacles. En développant une attitude de possibilité, en misant sur la visualisation et les affirmations positives, et en pratiquant la gratitude, nous pouvons améliorer notre intelligence de l'attitude et augmenter nos chances de réussite dans tous les domaines de la vie.

5.3 Surmonter les obstacles grâce à l'attitude

L'intelligence de l'attitude joue un rôle crucial pour surmonter les obstacles et les défis que nous rencontrons dans les différents aspects de la vie. Qu'il s'agisse de nos relations personnelles, de notre vie professionnelle, de notre santé et de notre bien-être, de notre développement personnel ou de tout autre domaine, le fait d'avoir la bonne attitude peut faire toute la différence dans la manière dont nous naviguons et conquérons les obstacles qui se présentent à nous.

Le pouvoir d'une attitude positive

Une attitude positive est un élément clé de l'intelligence de l'attitude lorsqu'il s'agit de surmonter des obstacles. C'est l'état d'esprit qui nous permet de considérer les défis comme des opportunités de croissance et d'apprentissage, plutôt que comme des obstacles. Avec une attitude positive, nous abordons les obstacles avec résilience et détermination, et nous croyons en notre capacité à les surmonter.

Lorsqu'elles sont confrontées à des obstacles, les personnes ayant une attitude positive ont tendance à se concentrer sur les solutions plutôt que de s'attarder sur le problème lui-même. Elles conservent un sentiment d'optimisme et d'espoir, qui alimente leur motivation à trouver des moyens créatifs de surmonter les défis auxquels elles sont confrontées. Cet état d'esprit positif leur permet de persévérer dans les moments difficiles et d'en ressortir plus forts.

Développer un état d'esprit de croissance

L'un des aspects essentiels de l'intelligence de l'attitude pour surmonter les obstacles est le développement d'un état d'esprit de croissance. Cet état d'esprit consiste à croire que nos capacités et notre intelligence peuvent être développées grâce au dévouement, à l'effort et à l'apprentissage à partir des échecs. Il s'agit de comprendre que les revers et les obstacles ne sont pas des limitations permanentes, mais des opportunités de croissance et d'amélioration.

Les personnes qui ont un état d'esprit de croissance considèrent les obstacles comme des tremplins vers la réussite plutôt que comme des barrières insurmontables. Elles considèrent les défis comme des occasions d'apprendre, de s'adapter et de développer de nouvelles compétences. Cet état d'esprit leur permet d'aborder les obstacles avec un sentiment de curiosité et une volonté d'essayer différentes stratégies jusqu'à ce qu'elles trouvent ce qui fonctionne.

Faire preuve de résilience

La résilience est un autre aspect essentiel de l'intelligence de l'attitude lorsqu'il s'agit de surmonter des obstacles. La résilience est la capacité à rebondir après un échec, à s'adapter au changement et à conserver une attitude positive face à l'adversité. C'est la force intérieure qui nous permet de persévérer et de continuer à aller de l'avant, même lorsque les choses deviennent difficiles.

Les personnes résilientes comprennent que les obstacles font naturellement partie de la vie et que les revers sont temporaires. Elles considèrent les défis comme des opportunités de développement personnel. Au lieu de se laisser décourager par les obstacles, elles s'en servent comme d'un carburant pour devenir plus fortes et plus déterminées.

Cultiver une attitude de résolution des problèmes

L'intelligence de l'attitude implique également de cultiver une attitude de résolution des problèmes lorsque l'on est confronté à des obstacles. Au lieu de se laisser submerger ou d'abandonner, les personnes qui ont une attitude de résolution de problèmes abordent les obstacles avec un état d'esprit proactif. Elles analysent la situation, identifient des solutions potentielles et prennent des mesures pour surmonter le défi.

Une attitude de résolution des problèmes implique de décomposer l'obstacle en tâches plus petites et plus faciles à gérer. Elle requiert de la créativité, de l'ingéniosité et la capacité de sortir des sentiers battus. Les personnes qui ont cette attitude n'ont pas peur de demander de l'aide ou des conseils en cas de besoin, et elles sont ouvertes à l'exploration de différentes approches jusqu'à ce qu'elles trouvent une solution.

Construire des systèmes de soutien résilients

Il est plus facile de surmonter les obstacles lorsque l'on dispose d'un système de soutien solide. Le fait de s'entourer de personnes positives qui croient en nous et en nos capacités peut avoir un impact significatif sur notre intelligence de l'attitude. Ces personnes peuvent nous encourager, nous guider et nous apporter une aide pratique lorsque nous sommes confrontés à des difficultés.

Construire un système de soutien résilient implique d'entretenir des relations avec des personnes qui partagent nos valeurs, nos objectifs et nos attitudes positives. Cela signifie également qu'il faut être prêt à soutenir les autres lorsqu'ils en ont besoin. Ensemble, nous pouvons faire face aux obstacles avec une force collective et une croyance partagée en notre capacité à surmonter tous les défis qui se présentent à nous.

Conclusion

L'intelligence de l'attitude est un outil puissant pour surmonter les obstacles dans tous les aspects de la vie. En cultivant une attitude positive, en développant un état d'esprit de croissance, en faisant preuve de résilience et en adoptant une attitude de résolution des problèmes, nous pouvons surmonter les difficultés avec grâce et détermination. La mise en place d'un système de soutien solide renforce encore notre capacité à surmonter les obstacles et à en ressortir plus forts. Grâce à l'intelligence de l'attitude, nous pouvons faire face à tous les obstacles que la vie nous réserve et les transformer en une opportunité de croissance et de réussite.

5.4 Apprentissage continu et intelligence de l'attitude

L'apprentissage continu est un aspect fondamental du développement et de l'épanouissement personnels. Il implique l'acquisition continue de connaissances, de compétences et d'expériences tout au long de la vie. Associé à l'intelligence de l'attitude, l'apprentissage continu devient un outil puissant de réussite personnelle et professionnelle.

L'intelligence de l'attitude joue un rôle crucial dans l'apprentissage continu. Il s'agit de l'état d'esprit et de l'approche que nous adoptons dans le processus d'acquisition de nouvelles connaissances et compétences. Une attitude positive et ouverte nous permet de saisir les opportunités d'apprentissage, de relever les défis et de nous adapter à de nouvelles situations. L'intelligence de l'attitude nous permet d'aborder l'apprentissage avec curiosité, enthousiasme et un esprit de croissance.

L'importance de l'apprentissage continu

Dans le monde d'aujourd'hui, qui évolue rapidement, l'apprentissage continu est plus important que jamais. Les connaissances et les compétences que nous acquérons au début de notre vie peuvent devenir obsolètes ou insuffisantes avec le temps. L'apprentissage continu nous permet de rester pertinents, de nous adapter aux nouvelles technologies et tendances, et de rester compétitifs dans notre vie personnelle et professionnelle.

En outre, l'apprentissage continu favorise notre développement et notre épanouissement personnels. Il élargit nos horizons, nos perspectives et nous permet d'explorer de nouveaux intérêts et de nouvelles passions. Il favorise la curiosité intellectuelle, la créativité et l'esprit critique. En apprenant continuellement, nous pouvons libérer tout notre potentiel et mener une vie plus épanouissante.

L'intelligence de l'attitude et l'apprentissage continu

L'intelligence de l'attitude est étroitement liée à l'apprentissage continu. Elle façonne notre approche de l'apprentissage et détermine l'efficacité avec laquelle nous pouvons acquérir et appliquer de nouvelles connaissances et compétences. Voici quelques façons dont l'intelligence de l'attitude renforce l'apprentissage continu :

1. Relever les défis

L'intelligence de l'attitude nous permet de relever les défis et de les considérer comme des opportunités de croissance. Au lieu de fuir les tâches difficiles ou de craindre l'échec, nous les abordons avec une attitude positive et la volonté d'apprendre. Nous comprenons que les défis constituent des expériences d'apprentissage précieuses et nous aident à développer notre résilience et nos compétences en matière de résolution de problèmes.

2. Cultiver un état d'esprit de croissance

L'état d'esprit de croissance est la conviction que nos capacités et notre intelligence peuvent être développées grâce au dévouement et à un travail acharné. L'intelligence de l'attitude favorise un état d'esprit de croissance, nous permettant de croire en notre capacité à apprendre et à nous améliorer. Avec un tel état d'esprit, nous sommes plus enclins à persévérer malgré les échecs, à demander un retour d'information et à nous efforcer continuellement de nous améliorer.

3. Rechercher un retour d'information et une critique constructive

L'intelligence de l'attitude nous encourage à rechercher un retour d'information et une critique constructive de la part des autres. Nous comprenons que le retour d'information est une source précieuse d'apprentissage et de croissance. En recherchant activement un retour d'information, nous pouvons identifier les domaines à améliorer, acquérir de nouvelles perspectives et affiner nos compétences. Cette boucle de rétroaction accélère notre processus d'apprentissage et nous aide à atteindre nos objectifs plus efficacement.

4. Accepter l'apprentissage tout au long de la vie

L'intelligence de l'attitude promeut la conviction que l'apprentissage est un voyage qui dure toute la vie. Elle nous encourage à rechercher de nouvelles connaissances et compétences, même en dehors du cadre éducatif formel. Nous comprenons que des opportunités d'apprentissage existent dans les expériences, les interactions et les défis quotidiens. En adoptant l'apprentissage tout au long de la vie, nous pouvons continuellement élargir nos connaissances, rester adaptables et rester intellectuellement engagés.

5. S'adapter au changement

L'intelligence de l'attitude nous donne la capacité de nous adapter au changement. Dans le monde d'aujourd'hui, qui évolue rapidement, le changement est inévitable. En conservant une attitude positive et en considérant le changement comme une opportunité de croissance, nous pouvons traverser les transitions plus efficacement. L'intelligence de l'attitude nous permet d'être flexibles, ouverts d'esprit et désireux d'apprendre de nouvelles façons de faire.

Stratégies pour développer l'intelligence de l'attitude dans l'apprentissage continu

Le développement de l'intelligence de l'attitude dans l'apprentissage continu nécessite un effort conscient et de la pratique. Voici quelques stratégies pour cultiver l'intelligence de l'attitude dans votre parcours d'apprentissage :

1. Fixer des objectifs d'apprentissage

Fixez des objectifs d'apprentissage clairs et spécifiques qui correspondent à vos intérêts et à vos aspirations. Le fait d'avoir des objectifs oriente et motive votre parcours d'apprentissage continu. Décomposez vos objectifs en étapes plus petites et réalisables afin de suivre vos progrès et de célébrer vos réussites en cours de route.

2. Adopter un état d'esprit de croissance

Adoptez un état d'esprit de croissance en croyant en votre capacité à apprendre et à vous améliorer. Relevez les défis, considérez les revers comme des opportunités d'apprentissage et persistez face aux obstacles. Cultivez une attitude positive face à l'échec, en comprenant qu'il s'agit d'une partie essentielle du processus d'apprentissage.

3. Rechercher des expériences d'apprentissage diversifiées

Exposez-vous à une variété d'expériences d'apprentissage afin d'élargir vos connaissances et vos compétences. Profitez des cours en ligne, des ateliers, des séminaires et des conférences. Participez à un apprentissage autonome en lisant des livres, en écoutant des podcasts ou en regardant des vidéos éducatives. Recherchez des mentors et des experts dans votre domaine pour tirer parti de leurs expériences et de leurs points de vue.

4. Réfléchir et appliquer l'apprentissage

Réfléchissez régulièrement à vos expériences d'apprentissage et appliquez ce que vous avez appris dans des situations pratiques. La pratique réflexive améliore la compréhension et la rétention des connaissances. Appliquez votre apprentissage à des scénarios, des projets ou des défis de la vie réelle pour renforcer votre compréhension et développer des compétences pratiques.

5. Accepter le retour d'information

Cherchez à obtenir un retour d'information de la part de mentors, de pairs ou d'experts dans votre domaine. Écoutez activement leurs points de vue et leurs suggestions d'amélioration. Utilisez le retour d'information comme une opportunité d'affiner vos compétences et d'améliorer votre apprentissage. Développez un état d'esprit axé sur la croissance à l'égard du retour d'information, en comprenant qu'il s'agit d'un outil précieux pour l'amélioration continue.

6. Rester curieux et ouvert d'esprit

Maintenez un sentiment de curiosité et d'ouverture d'esprit dans votre parcours d'apprentissage. Soyez prêt à explorer de nouvelles idées, à remettre en question vos croyances et à envisager des perspectives différentes. Prenez plaisir à apprendre et abordez les nouveaux sujets avec enthousiasme et soif de connaissances.

L'apprentissage continu, associé à l'intelligence de l'attitude, est une combinaison puissante pour le développement personnel et professionnel. En adoptant une attitude positive, en recherchant des opportunités d'apprentissage et en cultivant un état d'esprit de croissance, vous pouvez libérer tout votre potentiel et vous épanouir dans tous les aspects de la vie.

Chapitre 6

L'intelligence de l'attitude dans la réussite financière

6.1 Attitude et état d'esprit face à l'argent

Avoir la bonne attitude vis-à-vis de l'argent est crucial pour la réussite financière et le bien-être général. Votre état d'esprit et vos croyances à l'égard de l'argent peuvent avoir un impact considérable sur vos décisions et habitudes financières et, en fin de compte, sur votre indépendance financière. Dans cette section, nous examinerons la relation entre l'attitude et la mentalité à l'égard de l'argent et la manière dont une attitude positive peut mener à la réussite financière.

Le pouvoir de l'attitude en matière financière

Votre attitude à l'égard de l'argent joue un rôle important dans la manière dont vous gérez vos finances et prenez des décisions financières. Si vous avez une attitude négative à l'égard de l'argent, par exemple si vous pensez qu'il est rare ou que vous ne pourrez jamais accumuler de richesses, vous risquez de créer une prophétie qui se réalise d'elle-même. En revanche, une attitude positive à l'égard de l'argent peut ouvrir des perspectives et vous aider à faire des choix financiers judicieux.

Adopter un état d'esprit positif à l'égard de l'argent

Pour développer un état d'esprit positif à l'égard de l'argent, il faut d'abord reconnaître et remettre en question les croyances ou les attitudes négatives que vous pouvez avoir à l'égard de l'argent. Il est important de comprendre que l'argent est un outil qui peut être utilisé pour améliorer votre vie et celle des autres. Voici quelques stratégies pour vous aider à adopter un état d'esprit positif à l'égard de l'argent :

1. **Identifier et remettre en question les croyances limitatives** : Prenez le temps de réfléchir à vos croyances concernant l'argent. Y va-t-il des croyances négatives ou limitatives qui vous empêchent d'avancer ? Parmi les croyances limitantes les plus courantes, citons "l'argent est mauvais" ou "les riches sont cupides". Remettez en question ces croyances en cherchant à prouver le contraire et en les remplaçant par des affirmations positives.

2. **Pratiquez la gratitude** : Cultiver une attitude de gratitude à l'égard de l'argent peut vous aider à changer d'état d'esprit. Au lieu de vous concentrer sur ce qui vous manque, appréciez ce que vous avez déjà. Exprimez votre gratitude pour l'argent que vous gagnez, les opportunités qu'il vous offre et les ressources financières dont vous disposez.

3. **Visualisez vos objectifs financiers** : Créez une vision claire de vos objectifs financiers et visualisez-vous en train de les atteindre. Cela contribue à créer un état d'esprit positif et optimiste, renforçant la conviction que vous pouvez atteindre la réussite financière.

4. **Formez-vous** : Développez vos connaissances et vos compétences financières. Lisez des livres, assistez à des séminaires ou suivez des cours sur les finances personnelles et l'investissement. Plus vous en saurez sur l'argent, plus vous vous sentirez confiant et autonome dans la gestion de vos finances.

5. **Entourez-vous d'influences positives :** Entourez-vous de personnes qui ont une attitude positive à l'égard de l'argent et de la réussite financière. Engagez des conversations sur l'argent qui sont valorisantes et encourageantes. Évitez les influences négatives qui perpétuent un état d'esprit de pénurie ou des habitudes financières malsaines.

Le rôle de l'attitude dans la prise de décision financière

Votre attitude à l'égard de l'argent peut influencer de manière significative votre processus de prise de décision financière. Une attitude positive peut vous aider à prendre des décisions rationnelles et éclairées, tandis qu'une attitude négative peut conduire à des choix impulsifs ou fondés sur la peur. Voici quelques exemples de l'impact de l'attitude sur la prise de décision financière :

1. **Tolérance au risque :** Votre attitude à l'égard du risque joue un rôle crucial dans les décisions d'investissement. Une attitude positive à l'égard du risque peut vous permettre de prendre des risques calculés et d'obtenir des rendements potentiellement plus élevés. À l'inverse, une attitude négative à l'égard du risque peut vous conduire à éviter complètement les investissements, ce qui pourrait limiter votre croissance financière.

2. **Gratification différée :** Un état d'esprit positif à l'égard de l'argent encourage à retarder la gratification, en comprenant que les sacrifices à court terme peuvent mener à la réussite financière à long terme. Cette attitude vous permet d'accorder la priorité à l'épargne et à l'investissement plutôt qu'aux dépenses immédiates, ce qui se traduit par une plus grande sécurité financière à l'avenir.

3. **Discipline financière :** Une attitude positive à l'égard de l'argent favorise la discipline financière. Elle vous aide à développer des habitudes de consommation saines, à éviter les dettes inutiles et à respecter un budget. Avec une attitude positive, vous êtes plus enclin à faire des choix conscients en accord avec vos objectifs financiers à long terme.

4. **L'esprit d'opportunité** : Une attitude positive à l'égard de l'argent vous permet de voir des opportunités là où d'autres voient des obstacles. Elle vous permet de penser de manière créative et de chercher de nouvelles façons de générer des revenus ou d'investir judicieusement. Cet état d'esprit ouvre les portes de la croissance financière et de l'abondance.

Cultiver un état d'esprit positif à l'égard de l'argent

Cultiver un état d'esprit positif à l'égard de l'argent est un processus continu qui exige de la conscience de soi, de la pratique et de la persévérance. Voici quelques stratégies supplémentaires pour vous aider à développer et à maintenir une attitude positive à l'égard de l'argent :

1. **Pratiquer des affirmations** : Répétez régulièrement des affirmations positives sur l'argent. Des affirmations telles que "Je suis digne de l'abondance financière" ou "J'attire la richesse et la prospérité" peuvent aider à reprogrammer votre subconscient et à renforcer les croyances positives à propos de l'argent.

2. **Célébrez vos succès financiers** : Reconnaissez et célébrez vos réussites financières, aussi petites soient-elles. Cela renforce une attitude positive à l'égard de l'argent et vous motive à continuer à progresser vers vos objectifs financiers.

3. **Tirez les leçons des échecs** : Considérez les revers financiers comme des opportunités d'apprentissage plutôt que comme des échecs. Adopter un état d'esprit de croissance vous permet d'apprendre de vos erreurs, de faire les ajustements nécessaires et d'aller de l'avant avec une attitude positive.

4. **Rendre la pareille** : Pratiquez la générosité et le don. Partager ses ressources financières avec des personnes dans le besoin permet de cultiver un état d'esprit d'abondance et de gratitude. Cela renforce la conviction qu'il y a toujours assez pour tout le monde et encourage une attitude positive à l'égard de l'argent.

N'oubliez pas que le développement d'un état d'esprit positif à l'égard de l'argent est un parcours qui exige des efforts constants et une réflexion personnelle. En adoptant une attitude positive à l'égard de l'argent, vous pouvez transformer votre vie financière et créer un avenir d'abondance et d'indépendance financière.

6.2 Se constituer un patrimoine avec une attitude positive

La constitution d'un patrimoine est un objectif que de nombreuses personnes s'efforcent d'atteindre dans leur vie. Il s'agit d'accumuler des ressources financières et des actifs susceptibles d'assurer la sécurité, la liberté et des opportunités pour soi-même et sa famille. Bien qu'il existe plusieurs stratégies et techniques pour se constituer un patrimoine, un facteur souvent négligé joue un rôle important dans la réussite financière : l'intelligence de l'attitude.

L'intelligence de l'attitude fait référence à la capacité de cultiver et de maintenir un état d'esprit et une perspective positifs à l'égard de la création de richesse. Elle implique le développement d'un ensemble de croyances, d'attitudes et de comportements qui favorisent la croissance et l'abondance financières. Une attitude positive à l'égard de la richesse peut avoir un impact profond sur le parcours financier d'une personne, en influençant ses décisions, ses actions et ses résultats.

Le pouvoir d'une attitude positive

Une attitude positive est un facteur clé de succès dans toute entreprise, y compris dans la constitution d'un patrimoine. Elle façonne nos pensées, nos émotions et nos actions, influençant en fin de compte les résultats que nous obtenons. Lorsqu'il s'agit de se constituer un patrimoine, une attitude positive peut faire la différence de plusieurs façons :

1. **Croire en l'abondance :** Une attitude positive à l'égard de la richesse implique de croire en l'abondance des opportunités et des ressources disponibles. Elle permet aux individus d'entrevoir des possibilités là où d'autres verraient des limites, ce qui leur permet de saisir des opportunités et de prendre des risques calculés.

2. **Motivation et persévérance :** La construction d'une richesse exige du dévouement, du travail et de la persévérance. Une attitude positive apporte la motivation et la résilience nécessaires pour surmonter les défis et les échecs en cours de route. Elle aide les individus à rester concentrés sur leurs objectifs et à conserver la détermination nécessaire pour aller de l'avant, même face à l'adversité.

3. **Un état d'esprit optimiste :** Une attitude positive favorise un état d'esprit optimiste, ce qui est essentiel pour prendre des décisions financières judicieuses. Elle permet aux individus d'aborder les opportunités d'investissement avec confiance et optimisme, plutôt qu'avec crainte ou doute. Cet état d'esprit leur permet de prendre des risques calculés et des décisions éclairées qui peuvent conduire à une croissance financière à long terme.

4. **Attirer les opportunités :** Une attitude positive a un effet magnétique, attirant les opportunités et les personnes partageant les mêmes idées. Lorsqu'une personne rayonne de positivité et d'optimisme, elle a tendance à attirer les personnes et les circonstances qui correspondent à ses objectifs et à ses aspirations. Cela peut ouvrir la voie à de nouvelles entreprises, à des partenariats et à des opportunités d'investissement susceptibles d'accélérer la création de richesse.

Cultiver une attitude positive à l'égard de la richesse

Si certaines personnes ont naturellement une attitude positive à l'égard de la richesse, d'autres doivent la cultiver consciemment. Voici quelques stratégies pour développer et maintenir une attitude positive à l'égard de la création de richesse :

1. **Connaissance de soi :** Commencez par prendre conscience de vos attitudes et croyances actuelles à l'égard de la richesse. Identifiez les croyances négatives ou limitatives qui vous empêchent d'atteindre la réussite financière. Remettez ces croyances en question et remplacez-les par des croyances positives et stimulantes.

2. **La gratitude** : Cultivez un sentiment de gratitude pour les ressources et les opportunités dont vous disposez actuellement. Apprécier ce que vous avez déjà créé un état d'esprit positif et attire plus d'abondance dans votre vie. Pratiquez la gratitude quotidiennement en reconnaissant et en exprimant votre reconnaissance pour la richesse et l'abondance qui se trouvent dans votre vie, aussi petites soient-elles.

3. **La visualisation** : Utilisez le pouvoir de la visualisation pour créer une image mentale claire de l'avenir financier que vous souhaitez. Visualisez-vous en train d'atteindre vos objectifs de richesse, de vivre le style de vie que vous désirez et de jouir de la liberté financière. Cette pratique aide à aligner votre subconscient sur vos objectifs conscients, renforçant ainsi une attitude positive à l'égard de la richesse.

4. **Affirmations positives** : Les affirmations sont des déclarations positives qui renforcent les croyances et les attitudes souhaitées. Créez une liste d'affirmations liées à la richesse et à l'abondance, telles que "Je suis digne de réussir financièrement" ou "J'attire la richesse et les opportunités sans effort". Répétez ces affirmations quotidiennement pour reprogrammer votre subconscient et renforcer une attitude positive à l'égard de la richesse.

5. **Entourez-vous de positivité** : Entourez-vous de personnes qui ont une attitude positive à l'égard de la richesse et du succès. Participez à des conversations, rejoignez des communautés ou cherchez des mentors qui peuvent vous inspirer et vous soutenir dans votre parcours financier. Évitez les influences négatives ou les personnes qui découragent vos aspirations.

6. **Apprendre en permanence** : Investissez dans votre éducation financière et votre développement personnel. Plus vous acquerrez de connaissances et de compétences, plus vous vous sentirez confiant et autonome dans votre parcours de création de richesse. Assistez à des séminaires, lisez des livres, écoutez des podcasts et recherchez des experts dans le domaine de la finance et de la création de richesse.

L'impact d'une attitude positive sur la constitution d'un patrimoine

Une attitude positive à l'égard de la richesse peut avoir un impact profond sur le parcours financier d'une personne. Elle influence les décisions prises par les individus, les actions qu'ils entreprennent et les opportunités qu'ils attirent. Voici comment une attitude positive peut contribuer à la constitution d'un patrimoine :

1. **Prise de risques :** Une attitude positive permet aux individus de prendre des risques calculés et de sortir de leur zone de confort. Elle leur permet de voir les récompenses potentielles plutôt que de se concentrer uniquement sur les pertes potentielles. Cette volonté de prendre des risques peut déboucher sur des opportunités d'investissement susceptibles de générer des gains financiers importants.

2. **La persévérance :** La construction d'un patrimoine exige de la persévérance et de la résilience. Une attitude positive fournit la motivation et la détermination nécessaires pour continuer à avancer, même en cas de difficultés ou de revers. Elle aide les individus à se concentrer sur leurs objectifs à long terme et à rester engagés dans leurs stratégies de constitution de patrimoine.

3. **Réseautage et partenariats :** Une attitude positive attire les personnes partageant les mêmes idées et les opportunités de collaboration. En rayonnant de positivité et d'optimisme, les individus peuvent construire des réseaux solides et former des partenariats qui peuvent accélérer la création de richesse. Collaborer avec des personnes qui partagent les mêmes objectifs et les mêmes valeurs peut déboucher sur des entreprises communes, des ressources partagées et un meilleur accès aux opportunités.

4. Créativité et innovation : Une attitude positive favorise la créativité et l'innovation, qui sont essentielles à la création de richesses. Elle encourage les individus à sortir des sentiers battus, à explorer de nouvelles idées et à trouver des solutions innovantes aux défis financiers. Cet état d'esprit peut conduire au développement d'entreprises ou de stratégies d'investissement uniques qui permettent de se démarquer de la concurrence.

5. Perspective à long terme : Une attitude positive aide les individus à maintenir une perspective à long terme sur la construction de leur patrimoine. Elle leur permet de se concentrer sur la croissance durable et la préservation du patrimoine plutôt que sur les gains à court terme. Cet état d'esprit favorise la prise de décisions financières judicieuses et réduit la probabilité d'actions impulsives ou risquées qui pourraient compromettre la réussite financière à long terme.

En conclusion, la constitution d'un patrimoine avec une attitude positive n'est pas seulement une question de stratégies et de techniques financières ; il s'agit aussi de cultiver un état d'esprit qui favorise l'abondance, la résilience et la croissance. Une attitude positive à l'égard de la richesse peut façonner le parcours financier d'une personne, en influençant ses décisions, ses actions et ses résultats. En développant et en maintenant une attitude positive, les individus peuvent libérer tout leur potentiel de réussite financière et créer une vie d'abondance et de prospérité.

6.3 Attitude et prise de décision financière

La prise de décisions financières est un aspect crucial de notre vie. Qu'il s'agisse de gérer nos finances personnelles, de faire des investissements ou de planifier notre retraite, les choix que nous faisons peuvent avoir un impact significatif sur notre bien-être financier. L'intelligence de l'attitude joue un rôle essentiel dans l'orientation de notre processus de prise de décision financière et, en fin de compte, dans la détermination de notre réussite financière.

Dans le contexte de la prise de décisions financières, l'intelligence de l'attitude fait référence à la capacité d'aborder les questions financières avec un état d'esprit positif et proactif. Elle implique d'avoir la bonne attitude vis-à-vis de l'argent, de comprendre l'importance de la planification financière et de faire des choix éclairés sur la base d'une analyse et d'une réflexion approfondies.

L'un des aspects clés de l'intelligence de l'attitude dans la prise de décision financière est le développement d'une saine mentalité à l'égard de l'argent. Notre attitude à l'égard de l'argent peut grandement influencer nos décisions financières. Un état d'esprit négatif, empreint de peur, de pénurie et de manque de confiance, peut entraver notre capacité à faire des choix financiers judicieux. En revanche, un état d'esprit positif et axé sur l'abondance peut nous permettre de prendre des décisions judicieuses, de prendre des risques calculés et de saisir les opportunités de croissance financière.

Avoir une attitude positive à l'égard de l'argent signifie le considérer comme un outil permettant d'atteindre nos objectifs et de créer une vie meilleure, plutôt que comme une source de stress ou une mesure de notre valeur personnelle. Cela implique de cultiver un état d'esprit d'abondance, de croire qu'il y a toujours des opportunités de gagner, d'épargner et d'investir à bon escient.

L'intelligence de l'attitude implique également de comprendre l'importance de la planification financière et de se fixer des objectifs financiers clairs. Sans plan, nos décisions financières risquent de manquer de direction et d'objectif. En fixant des objectifs spécifiques, mesurables, réalisables, pertinents et limités dans le temps (SMART), nous pouvons aligner nos décisions financières sur nos aspirations à long terme.

Lors de la prise de décisions financières, il est essentiel de recueillir des informations pertinentes et d'analyser les risques et les avantages potentiels. L'intelligence de l'attitude nous encourage à aborder la prise de décision financière avec un état d'esprit rationnel et objectif. Elle implique de mener des recherches approfondies, de demander conseil à des experts et d'envisager différentes options avant de faire un choix.

Un autre aspect crucial de l'intelligence comportementale dans la prise de décision financière est la capacité à gérer efficacement les émotions. Des émotions telles que la peur, l'avidité et l'impatience peuvent obscurcir notre jugement et conduire à des décisions financières impulsives et irrationnelles. L'intelligence comportementale nous aide à reconnaître et à réguler ces émotions, ce qui nous permet de prendre des décisions fondées sur la logique et la raison plutôt que d'être guidés par des impulsions à court terme.

En outre, l'intelligence d'attitude nous encourage à adopter une perspective à long terme lorsque nous prenons des décisions financières. Elle nous rappelle que la réussite financière ne s'obtient pas du jour au lendemain, mais qu'elle exige de la patience, de la discipline et de la persévérance. En nous concentrant sur des objectifs à long terme et en évitant les tentations à court terme, nous pouvons prendre des décisions qui vont dans le sens de notre bien-être financier global.

L'intelligence de l'attitude met également l'accent sur l'importance de tirer les leçons de nos erreurs et de nos échecs financiers. Au lieu de s'attarder sur les échecs passés, elle nous encourage à les considérer comme de précieuses expériences d'apprentissage. En adoptant un état d'esprit de croissance, nous pouvons utiliser ces expériences pour améliorer nos compétences en matière de prise de décision financière et faire de meilleurs choix à l'avenir.

Outre la prise de décisions financières individuelles, l'intelligence des attitudes s'étend également aux décisions financières prises en collaboration dans le cadre d'un partenariat ou d'un mariage. Elle implique une communication efficace, un respect mutuel et des objectifs financiers communs. En abordant les décisions financières avec une attitude positive et une ouverture d'esprit, les couples peuvent travailler ensemble pour atteindre l'harmonie financière et construire un avenir sûr.

En conclusion, l'intelligence des attitudes joue un rôle important dans la prise de décisions financières. Elle implique de développer un état d'esprit positif à l'égard de l'argent, de fixer des objectifs financiers clairs, de recueillir des informations pertinentes, de gérer efficacement ses émotions, d'adopter une perspective à long terme et de tirer les leçons de ses erreurs passées. En cultivant l'intelligence de l'attitude, nous pouvons prendre des décisions financières éclairées et autonomes qui mènent à la réussite financière et au bien-être général.

6.4 L'intelligence de l'attitude pour l'indépendance financière

L'intelligence de l'attitude joue un rôle crucial dans la réalisation de l'indépendance financière. Il ne s'agit pas seulement d'avoir un état d'esprit positif à l'égard de l'argent, mais aussi de développer une compréhension globale des principes financiers, de prendre des décisions en connaissance de cause et de prendre des mesures proactives pour atteindre ses objectifs financiers. Dans cette section, nous examinerons comment l'intelligence de l'attitude peut permettre aux individus d'atteindre l'indépendance financière et de se créer un avenir sûr.

Le pouvoir de l'attitude dans la réussite financière

L'attitude joue un rôle important dans la détermination de notre réussite financière. Une attitude positive à l'égard de l'argent peut nous aider à développer des habitudes financières saines, telles que l'établissement d'un budget, l'épargne et l'investissement. Elle nous permet de considérer l'argent comme un outil pour atteindre nos objectifs plutôt que comme une source de stress ou d'anxiété.

L'intelligence de l'attitude nous aide à cultiver un état d'esprit de croissance à l'égard des finances. Au lieu d'être limité par notre situation financière actuelle, nous croyons en notre capacité à améliorer et à accroître notre patrimoine. Cet état d'esprit nous encourage à rechercher des opportunités, à prendre des risques calculés et à tirer des leçons de nos expériences financières.

Développer un état d'esprit patrimonial

L'Intelligence Attitude implique de développer un état d'esprit patrimonial, qui est essentiel pour atteindre l'indépendance financière. Cet état d'esprit se caractérise par la croyance en l'abondance, l'accent mis sur les objectifs à long terme et la volonté de prendre des risques calculés.

Pour développer un tel état d'esprit, il est essentiel de remettre en question toutes les croyances limitatives ou les attitudes négatives à l'égard de l'argent. Nous devons passer d'une perspective de pénurie à une perspective d'abondance et croire qu'il existe de nombreuses possibilités de créer de la richesse. Cet état d'esprit nous permet d'aborder les décisions financières avec confiance et optimisme.

Renforcer la littéraire financière

L'intelligence de l'attitude va de pair avec la culture financière. Il est essentiel de se former aux concepts financiers, tels que l'établissement d'un budget, l'investissement et la gestion des dettes. En acquérant des connaissances et en comprenant les principes financiers, nous pouvons prendre des décisions éclairées et prendre en main notre avenir financier.

La littéraire financière nous permet de développer une approche stratégique de l'argent. Nous pouvons créer un budget qui correspond à nos objectifs, suivre nos dépenses et faire des choix conscients en matière de dépenses. En outre, la compréhension des options et des stratégies d'investissement nous permet de faire fructifier notre patrimoine et de faire travailler notre argent pour nous.

Fixer des objectifs financiers

Attitude Intelligence nous aide à fixer des objectifs financiers clairs et réalisables. En définissant nos objectifs, nous pouvons créer une feuille de route vers l'indépendance financière. Fixer des objectifs spécifiques, mesurables, réalisables, pertinents et limités dans le temps (SMART) nous permet de rester concentrés et motivés.

Lors de la définition des objectifs financiers, il est essentiel de prendre en compte les objectifs à court et à long terme. Les objectifs à court terme peuvent comprendre la constitution d'un fonds d'urgence ou le remboursement de dettes, tandis que les objectifs à long terme peuvent consister à épargner pour la retraite ou à acheter une maison. L'intelligence de l'attitude nous aide à conserver une attitude positive tout au long du parcours, même lorsque nous sommes confrontés à des défis ou à des revers.

Adopter une discipline financière

L'intelligence de l'attitude met l'accent sur l'importance de la discipline financière. Elle exige que nous développions notre maîtrise de soi et que nous prenions des décisions conscientes qui s'alignent sur nos objectifs financiers. Cette discipline implique d'éviter les achats impulsifs, de respecter un budget et de donner la priorité à l'épargne et à l'investissement.

La discipline financière implique également d'être attentif à nos habitudes et à nos comportements financiers. En examinant régulièrement notre situation financière et en suivant nos progrès, nous pouvons identifier les domaines à améliorer et procéder aux ajustements nécessaires. L'intelligence de l'attitude nous aide à rester fidèles à nos objectifs financiers et à faire des choix qui contribuent à notre bien-être financier à long terme.

Surmonter les obstacles financiers

L'intelligence de l'attitude nous dote de la résilience et de la détermination nécessaires pour surmonter les obstacles financiers. Elle reconnaît que les revers et les défis font partie du parcours financier, mais elle nous encourage à les considérer comme des opportunités de croissance et d'apprentissage.

Lorsque nous sommes confrontés à des difficultés financières, l'intelligence de l'attitude nous aide à conserver une attitude positive et à rechercher des solutions. Elle nous encourage à être proactifs et à trouver des moyens d'augmenter nos revenus, de réduire nos dépenses ou de demander l'avis d'un professionnel si nécessaire. En abordant les obstacles avec un état d'esprit orienté vers les solutions, nous pouvons surmonter les difficultés financières et continuer à progresser vers l'indépendance financière.

Cultiver un style de vie riche

L'Attitude Intelligence nous encourage à cultiver un style de vie riche, au-delà de la simple accumulation de richesses. Elle met l'accent sur l'importance du bien-être financier, qui comprend non seulement la sécurité financière, mais aussi un sentiment d'accomplissement et de satisfaction.

Un mode de vie riche implique d'aligner nos décisions financières sur nos valeurs et nos priorités. Il s'agit de faire des choix qui contribuent à notre bien-être général, par exemple en investissant dans des expériences, en donnant à la communauté et en donnant la priorité au développement personnel. L'intelligence de l'attitude nous aide à trouver un équilibre entre la jouissance du présent et la planification de l'avenir, en veillant à ce que notre parcours financier soit enrichissant et significatif.

En conclusion, l'intelligence de l'attitude joue un rôle essentiel dans la réalisation de l'indépendance financière. Elle implique de développer un état d'esprit positif, de cultiver un esprit de richesse, d'acquérir des connaissances financières, de se fixer des objectifs clairs, d'adopter une discipline financière, de surmonter les obstacles et de cultiver un style de vie riche. En exploitant le pouvoir de l'intelligence de l'attitude, les individus peuvent prendre le contrôle de leur avenir financier, créer de la richesse et profiter d'une vie d'indépendance et de sécurité financières.

Chapitre 7

L'intelligence de l'attitude dans l'éducation

7.1 Attitude et apprentissage

L'attitude joue un rôle crucial dans le processus d'apprentissage. Elle influence la manière dont nous abordons les nouvelles informations, dont nous nous engageons dans des activités éducatives et, en fin de compte, dont nous réussissons à acquérir des connaissances et des compétences. Dans cette section, nous examinerons le lien entre l'attitude et l'apprentissage, et la manière dont le développement de l'intelligence de l'attitude peut améliorer nos expériences éducatives.

L'impact de l'attitude sur l'apprentissage

Notre attitude à l'égard de l'apprentissage influe grandement sur notre motivation, notre engagement et nos performances globales dans le cadre de l'éducation. Une attitude positive à l'égard de l'apprentissage crée un environnement propice à la croissance et au développement. Elle favorise la curiosité, l'enthousiasme et la volonté d'explorer de nouvelles idées et de nouveaux concepts. En revanche, une attitude négative peut entraver notre capacité à absorber des informations, à retenir des connaissances et à les appliquer efficacement.

Le rôle de l'intelligence de l'attitude dans l'apprentissage

L'intelligence de l'attitude consiste à être conscient de nos attitudes à l'égard de l'apprentissage et à cultiver activement un état d'esprit positif qui soutient nos objectifs éducatifs. Elle englobe la conscience de soi, l'autorégulation et la capacité à s'adapter et à réagir de manière constructive aux défis et aux échecs. En développant l'intelligence de l'attitude, nous pouvons optimiser nos expériences d'apprentissage et libérer tout notre potentiel.

Cultiver une attitude positive à l'égard de l'apprentissage

1. **Adopter un état d'esprit de croissance :** Adopter un état d'esprit de croissance est essentiel pour développer une attitude positive à l'égard de l'apprentissage. Il s'agit de croire que l'intelligence et les capacités peuvent être développées par l'effort, la pratique et la persévérance. Mettez l'accent sur le processus d'apprentissage plutôt que de vous concentrer uniquement sur les résultats ou les notes.

2. **Fixer des objectifs réalistes :** Fixer des objectifs réalistes et réalisables aide à maintenir la motivation et donne un sens à l'orientation. Décomposez les grands objectifs en tâches plus petites et plus faciles à gérer, et célébrez chaque étape franchie. Cette approche favorise le sentiment d'accomplissement et encourage les progrès continus.

3. **Trouvez une pertinence personnelle :** Reliez le sujet à vos propres intérêts, passions et objectifs. Comprendre comment les connaissances ou les compétences acquises peuvent être appliquées dans des situations de la vie réelle renforce la motivation et l'engagement. Cherchez des exemples pratiques et faites le lien avec vos propres expériences.

4. **Développer des habitudes d'étude efficaces :** Il est essentiel d'adopter des habitudes d'étude efficaces pour optimiser l'apprentissage. Créez un environnement propice, gérez efficacement votre temps et utilisez des stratégies d'apprentissage actives telles que le résumé, le questionnement et l'autotest. Une révision et une pratique régulières renforcent la compréhension et la mémorisation.

5. **Rechercher le soutien et la collaboration :** N'hésitez pas à demander le soutien d'enseignants, de mentors ou de pairs lorsque vous êtes confrontés à des difficultés ou avez besoin d'éclaircissements. La collaboration avec d'autres personnes peut apporter des perspectives différentes, améliorer la compréhension et favoriser un sentiment de communauté et d'apprentissage partagé.

6. **Maintenir un état d'esprit positif :** Cultiver une attitude positive face aux défis et aux échecs. Considérez-les comme des opportunités de croissance et d'apprentissage plutôt que comme des obstacles insurmontables. Pratiquez l'auto compassion et adoptez un état d'esprit d'amélioration continue.

Surmonter les obstacles à l'apprentissage grâce à l'intelligence de l'attitude

L'intelligence de l'attitude nous donne les outils nécessaires pour surmonter les obstacles courants à l'apprentissage et maximiser nos expériences éducatives. Voici quelques stratégies pour nous aider à relever les défis :

1. **La peur de l'échec :** La peur de l'échec peut entraver l'apprentissage en créant de l'anxiété et de l'évitement. Adoptez un état d'esprit de croissance et considérez l'échec comme un tremplin vers l'amélioration. Mettez l'accent sur le processus d'apprentissage plutôt que de vous concentrer uniquement sur les résultats.

2. **Le manque de motivation :** Lorsque vous êtes confronté à un manque de motivation, réexaminez vos objectifs et trouvez des moyens de rendre l'expérience d'apprentissage plus attrayante et plus significative. Reliez la matière aux applications de la vie réelle, recherchez des modèles inspirants ou explorez d'autres méthodes d'apprentissage.

3. **La procrastination** : La procrastination peut entraver les progrès de l'apprentissage. Divisez les tâches en morceaux plus petits et plus faciles à gérer, fixez des échéances et créez un programme d'étude structuré. Utilisez des techniques telles que la technique Pomodoro (travail en rafales avec de courtes pauses) pour améliorer votre productivité.

4. **Monologue intérieur négatif :** Le discours négatif sur soi peut miner la confiance en soi et entraver l'apprentissage. Pratiquez des affirmations positives, remettez en question les pensées négatives et concentrez-vous sur vos points forts et vos réussites passées. Entourez-vous de personnes qui vous soutiennent et vous encouragent.

Les avantages de l'intelligence de l'attitude dans l'apprentissage

Le développement de l'intelligence de l'attitude dans le contexte de l'apprentissage présente de nombreux avantages :

1. **Motivation accrue** : Une attitude positive à l'égard de l'apprentissage alimente la motivation intrinsèque, rendant le processus agréable et gratifiant. Elle accroît la curiosité, l'enthousiasme et le désir de progresser en permanence.

2. **Amélioration des performances :** Une attitude positive favorise un état d'esprit de croissance, permettant aux individus de relever les défis, de persister face aux échecs et, en fin de compte, d'atteindre des niveaux de performance plus élevés.

3. **Résolution efficace des problèmes :** L'intelligence de l'attitude améliore les compétences en matière de résolution de problèmes en favorisant une approche flexible et ouverte d'esprit. Elle encourage les individus à penser de manière créative, à envisager d'autres perspectives et à explorer des solutions innovantes.

4. **Résilience accrue** : Le développement de l'intelligence des attitudes dote les individus de la résilience nécessaire pour rebondir après un échec ou un revers. Elle favorise un état d'esprit qui considère les défis comme des opportunités de croissance et d'apprentissage.

5. **Apprentissage tout au long de la vie :** L'intelligence de l'attitude nourrit l'amour de l'apprentissage et l'engagement en faveur de l'éducation permanente. Elle encourage les individus à rechercher de nouvelles connaissances, compétences et expériences au-delà du cadre éducatif formel.

En conclusion, l'intelligence de l'attitude joue un rôle essentiel dans l'apprentissage. En cultivant une attitude positive, en adoptant un état d'esprit de croissance et en développant des stratégies d'apprentissage efficaces, les individus peuvent optimiser leurs expériences éducatives, surmonter les obstacles et libérer tout leur potentiel. L'intelligence de l'attitude permet aux individus d'aborder l'apprentissage avec enthousiasme, curiosité et un engagement pour une croissance continue.

7.2 Motivation et intelligence de l'attitude

La motivation joue un rôle crucial dans notre vie, car elle nous pousse à agir et à poursuivre nos objectifs. C'est la force interne qui nous pousse à atteindre nos objectifs, à surmonter les obstacles et à viser le succès. Cependant, la motivation seule ne suffit pas à garantir un progrès et un épanouissement durables. L'intelligence de l'attitude, c'est-à-dire la capacité à cultiver et à maintenir une attitude positive, est tout aussi importante pour exploiter la motivation et maximiser son potentiel.

L'intelligence de l'attitude et la motivation sont étroitement liées. Si la motivation fournit l'étincelle initiale, l'intelligence de l'attitude alimente le feu et l'entretient. C'est l'état d'esprit et la perspective que nous adoptons qui déterminent la manière dont nous interprétons et réagissons aux défis, aux échecs et aux opportunités. Avec une attitude positive, nous sommes plus susceptibles de rester motivés, de persévérer face à l'adversité et de conserver un sentiment d'utilité et d'enthousiasme.

L'un des aspects clés de l'intelligence de l'attitude par rapport à la motivation est la confiance en soi. Lorsque nous avons une attitude positive à l'égard de nous-mêmes et de nos capacités, nous sommes plus susceptibles de croire en notre potentiel de réussite. Cette croyance en soi est un puissant facteur de motivation, qui nous pousse à nous fixer des objectifs ambitieux et à nous efforcer de les atteindre. À l'inverse, une attitude négative peut saper notre motivation en érodant notre confiance et en nous faisant douter de nous-mêmes.

L'intelligence de l'attitude influence également notre perception des défis. Avec une attitude positive, nous considérons les défis comme des opportunités de croissance et d'apprentissage. Nous les considérons comme des tremplins vers nos objectifs plutôt que comme des obstacles insurmontables. Ce changement d'état d'esprit renforce non seulement notre motivation, mais aussi notre résilience face aux échecs. Nous sommes plus susceptibles de persister et de trouver des solutions créatives lorsque nous abordons les défis avec une attitude positive.

En outre, l'intelligence de l'attitude nous aide à maintenir notre motivation dans les moments difficiles. La vie est faite de hauts et de bas, et il y aura inévitablement des moments où notre motivation diminuera. Cependant, avec une attitude positive, nous pouvons surmonter ces tempêtes et trouver la force de continuer. Une attitude positive nous permet de considérer les revers comme temporaires et de les voir comme des opportunités de croissance. Elle nous aide à conserver une perspective à long terme et à rester concentrés sur nos objectifs, même dans les moments difficiles.

Outre la motivation personnelle, l'intelligence de l'attitude influence également notre capacité à motiver et à inspirer les autres. Notre attitude et notre énergie sont contagieuses et ont un impact profond sur ceux qui nous entourent. Lorsque nous abordons les tâches et les défis avec enthousiasme et optimisme, nous inspirons les autres à faire de même. Notre attitude positive peut avoir un effet d'entraînement et favoriser un environnement de soutien et de motivation où chacun peut s'épanouir.

Pour cultiver l'intelligence de l'attitude et renforcer la motivation, il existe plusieurs stratégies que nous pouvons employer :

1. **L'autoréflexion** : Prenez le temps de réfléchir à votre attitude et à votre état d'esprit. Identifiez les schémas de pensée négatifs ou les croyances limitatives qui peuvent entraver votre motivation. Remettez ces croyances en question et remplacez-les par des pensées positives et valorisantes.

2. **Fixer des objectifs** : Fixez des objectifs clairs et significatifs qui correspondent à vos valeurs et à vos aspirations. Décomposez-les en étapes plus petites et réalisables afin de maintenir votre motivation et de suivre vos progrès. Célébrez les étapes importantes de votre parcours pour rester motivé et renforcer votre attitude positive.

3. **Entourez-vous de positivité** : Entourez-vous d'influences positives, qu'il s'agisse d'amis et de membres de la famille qui vous soutiennent ou de livres et de podcasts de motivation. Participez à des activités qui vous stimulent et vous inspirent, et minimisez l'exposition à la négativité et aux environnements toxiques.

4. **Pratiquez la gratitude** : Cultivez un état d'esprit de gratitude en reconnaissant et en appréciant régulièrement les bienfaits de votre vie. La gratitude vous aide à vous concentrer sur les aspects positifs de votre parcours, ce qui renforce votre motivation et favorise une attitude positive.

5. **Considérer l'échec comme une opportunité d'apprentissage :** Adoptez un état d'esprit de croissance et considérez l'échec comme un tremplin vers le succès. Apprenez de vos erreurs, ajustez votre approche et continuez à aller de l'avant. Une attitude positive à l'égard de l'échec alimente la motivation et encourage la résilience.

6. **Prenez soin de votre bien-être :** Le bien-être physique et mental est essentiel pour maintenir la motivation et une attitude positive. Donnez la priorité aux activités d'autosoins telles que l'exercice, une alimentation saine et un repos suffisant. Adoptez des pratiques telles que la pleine conscience et la méditation pour cultiver un état d'esprit calme et concentré.

En intégrant ces stratégies dans notre vie, nous pouvons améliorer notre intelligence de l'attitude et tirer parti de notre motivation pour atteindre nos objectifs. L'intelligence de l'attitude est un outil puissant qui nous permet de relever les défis de la vie avec résilience, optimisme et une motivation inébranlable. C'est la clé qui nous permet de libérer tout notre potentiel et de vivre une vie épanouissante et motivée.

7.3 Attitude et réussite scolaire

L'attitude joue un rôle crucial dans la réussite scolaire. Il ne s'agit pas seulement d'intelligence ou de connaissances ; le fait d'avoir la bonne attitude vis-à-vis de l'apprentissage et de l'éducation peut avoir un impact significatif sur les performances et les résultats globaux d'un étudiant. Dans cette section, nous explorerons le lien entre l'attitude et la réussite scolaire et nous examinerons comment l'intelligence de l'attitude peut être développée pour améliorer les résultats scolaires.

Le pouvoir d'une attitude positive

Une attitude positive est essentielle à la réussite scolaire. Lorsque les étudiants abordent leurs études avec un état d'esprit positif, ils sont plus susceptibles d'être motivés, engagés et résilients face aux défis. Une attitude positive favorise un état d'esprit de croissance, c'est-à-dire la conviction que les capacités et l'intelligence peuvent être développées grâce à l'effort et à la persévérance.

Les élèves ayant une attitude positive sont plus enclins à se fixer des objectifs réalistes, à travailler avec diligence pour les atteindre et à conserver un sentiment d'optimisme même lorsqu'ils sont confrontés à des échecs. Ils considèrent les échecs comme des opportunités de croissance et sont prêts à fournir les efforts nécessaires pour s'améliorer. Cet état d'esprit améliore non seulement les résultats scolaires, mais favorise également l'amour de l'apprentissage et la poursuite du savoir tout au long de la vie.

Attitude et apprentissage

L'attitude influence la manière dont les élèves abordent le processus d'apprentissage. Ceux qui ont une attitude positive sont plus susceptibles de s'engager activement dans leurs études, en recherchant des occasions d'élargir leurs connaissances et leur compréhension. Ils abordent l'apprentissage avec curiosité et enthousiasme, en établissant des liens entre différents concepts et en appliquant leurs connaissances à des situations réelles.

En revanche, les élèves ayant une attitude négative peuvent considérer l'apprentissage comme une corvée ou un moyen de parvenir à une fin. Ils peuvent manquer de motivation et avoir du mal à trouver de la pertinence dans ce qu'ils étudient. Cet état d'esprit négatif peut entraver leur capacité à saisir de nouveaux concepts, à retenir des informations et à obtenir de bons résultats scolaires.

Motivation et intelligence de l'attitude

La motivation est un élément clé de la réussite scolaire, et l'attitude joue un rôle important dans la stimulation et le maintien de la motivation. Les élèves qui ont une attitude positive sont intrinsèquement motivés, c'est-à-dire qu'ils sont poussés par leurs propres désirs et intérêts internes plutôt que par des récompenses ou des pressions externes. Ils ont une véritable passion pour l'apprentissage et tirent leur satisfaction du processus lui-même, et pas seulement du résultat final.

L'intelligence de l'attitude aide les élèves à développer et à maintenir leur motivation en cultivant un état d'esprit de croissance et en fixant des objectifs significatifs. En croyant en leur capacité à s'améliorer et à réussir, les élèves sont plus susceptibles de rester motivés même lorsqu'ils sont confrontés à des défis ou à des échecs. Ils comprennent que l'effort et la persévérance sont essentiels pour réussir et sont prêts à fournir le travail nécessaire pour atteindre leurs objectifs.

Attitude et résultats scolaires

De nombreuses études ont montré une forte corrélation entre l'attitude et les résultats scolaires. Les élèves ayant une attitude positive ont tendance à obtenir de meilleures notes, à mieux réussir les tests et à faire preuve d'une meilleure compréhension de la matière. Leur état d'esprit positif leur permet d'aborder les examens et les devoirs avec confiance, ce qui se traduit par de meilleures performances.

En outre, une attitude positive peut renforcer les capacités de réflexion critique, de résolution de problèmes et de créativité. Les élèves qui croient en leurs propres capacités sont plus enclins à prendre des risques, à sortir des sentiers battus et à explorer différentes perspectives. Cet état d'esprit favorise un engagement plus profond dans la matière et une compréhension plus complète du sujet.

Développer l'intelligence de l'attitude pour la réussite scolaire

Le développement de l'intelligence de l'attitude est un processus qui dure toute la vie et qui exige des efforts conscients et de l'autoréflexion. Voici quelques stratégies pour cultiver une attitude positive et favoriser la réussite scolaire :

1. **Connaissance de soi :** Réfléchissez à votre attitude actuelle à l'égard de l'apprentissage et identifiez les croyances négatives ou les schémas de pensée qui vous freinent. Remettez en question ces croyances et remplacez-les par des affirmations positives et un état d'esprit de croissance.

2. **Fixer des objectifs :** Fixez des objectifs réalistes et significatifs qui correspondent à vos intérêts et à vos aspirations. Décomposez les grands objectifs en tâches plus petites et plus faciles à gérer, et célébrez vos réussites en cours de route. Cela vous aidera à maintenir votre motivation et vous donnera le sentiment d'avoir accompli quelque chose.

3. **Gestion du temps :** Développez des compétences efficaces en matière de gestion du temps afin d'établir des priorités dans vos études et de consacrer du temps à l'apprentissage. Créez un calendrier d'études qui prévoit des pauses régulières et assure un bon équilibre entre vie professionnelle et vie privée.

4. **Chercher du soutien :** Entourez-vous d'influences positives, telles que des amis, des mentors ou des enseignants qui peuvent vous guider et vous encourager. Collaborez avec vos camarades de classe et participez à des sessions d'étude en groupe pour favoriser un sentiment de communauté et d'apprentissage partagé.

5. **Relever les défis :** Considérer les défis comme des opportunités de croissance et d'apprentissage. Acceptez de surmonter les obstacles et célébrez les leçons apprises en cours de route. Développer la résilience et la persévérance face aux échecs.

6. **Prendre soin de soi :** Prenez soin de votre bien-être physique et mental en dormant suffisamment, en mangeant des repas nutritifs et en faisant régulièrement de l'exercice. Donnez la priorité aux activités d'auto thérapie qui contribuent à réduire le stress et à promouvoir le bien-être général.

En développant l'intelligence de l'attitude et en cultivant une attitude positive à l'égard de l'apprentissage, les élèves peuvent libérer tout leur potentiel et réussir à l'école. N'oubliez pas que l'attitude n'est pas quelque chose de fixe ou de prédéterminé ; elle peut être façonnée et développée grâce à un effort conscient et à un engagement en faveur du développement personnel.

7.4 Développer un état d'esprit de croissance grâce à l'intelligence de l'attitude

Dans notre démarche de développement de l'intelligence de l'attitude, un aspect crucial qui mérite une attention particulière est la culture d'un état d'esprit de croissance. L'état d'esprit de croissance est la conviction que nos capacités et notre intelligence peuvent être développées grâce au dévouement, à l'effort et à la volonté d'apprendre. Il s'agit de comprendre que notre potentiel n'est pas figé, mais plutôt malléable, et que nous pouvons continuellement nous améliorer et nous développer.

Lorsque nous combinons la puissance d'un état d'esprit de croissance avec l'intelligence de l'attitude, nous débloquons un outil puissant pour le développement personnel et professionnel. Le développement d'un état d'esprit de croissance et d'une intelligence de l'attitude nous permet d'aborder les défis, les échecs et les opportunités avec une attitude positive et proactive. Il nous permet d'accepter l'apprentissage, de nous adapter au changement et de persévérer face aux obstacles.

La puissance d'un état d'esprit de croissance

L'état d'esprit de croissance repose sur la conviction que nos capacités ne sont pas prédéterminées, mais qu'elles peuvent être développées par l'effort et l'apprentissage. Cet état d'esprit nous permet de considérer les échecs et les revers comme des opportunités de croissance et d'amélioration. Au lieu de se laisser décourager par les difficultés, les personnes qui ont un état d'esprit de croissance les considèrent comme des tremplins vers la réussite.

Avec un état d'esprit de croissance, nous comprenons que notre intelligence, nos talents et nos compétences peuvent être améliorés grâce au dévouement et à un travail acharné. Cette conviction favorise l'amour de l'apprentissage et le désir de s'améliorer en permanence. Elle nous permet d'accueillir les commentaires et les critiques comme des outils précieux de croissance, plutôt que de les prendre personnellement ou de nous mettre sur la défensive.

L'intelligence de l'attitude et l'état d'esprit de croissance

L'intelligence de l'attitude complète l'état d'esprit de croissance en fournissant le cadre et les stratégies nécessaires pour cultiver une attitude positive et proactive à l'égard de l'apprentissage et du développement personnel. Elle nous aide à exploiter le pouvoir de notre état d'esprit et à le canaliser vers la réalisation de nos objectifs.

L'un des aspects clés de l'intelligence de l'attitude dans le développement d'un état d'esprit de croissance est la conscience de soi. En prenant conscience de nos pensées, de nos croyances et de nos attitudes à l'égard de l'apprentissage et de la croissance, nous pouvons identifier les croyances limitantes ou les discours négatifs sur nous-mêmes qui peuvent entraver nos progrès. L'intelligence de l'attitude nous permet de remettre en question et de recadrer ces croyances limitatives, en les remplaçant par des pensées positives et valorisantes.

L'intelligence de l'attitude met également l'accent sur l'importance de la persévérance et de la résilience. Le développement d'un état d'esprit de croissance exige que nous considérions les défis et les échecs comme des opportunités de croissance. Il nous faut persister face aux obstacles et aux revers, en sachant qu'ils constituent une partie essentielle du processus d'apprentissage. L'intelligence de l'attitude nous dote des outils nécessaires pour conserver une attitude positive et rebondir après les échecs, les revers et les déceptions.

Stratégies pour développer un état d'esprit de croissance grâce à l'intelligence de l'attitude

Pour développer un état d'esprit de croissance avec une intelligence de l'attitude, nous pouvons mettre en œuvre plusieurs stratégies et pratiques dans notre vie quotidienne :

1. **Relever les défis :** Au lieu d'éviter les défis, il faut les rechercher activement. Considérez-les comme des occasions d'apprendre et de progresser, et abordez-les avec un état d'esprit positif et ouvert.

2. **Cultiver l'amour de l'apprentissage :** Développez une curiosité et une soif de connaissances. Acceptez de nouvelles expériences, explorez des perspectives différentes et recherchez en permanence des opportunités de développement personnel et professionnel.

3. **Considérer l'échec comme une opportunité d'apprentissage :** Au lieu de craindre l'échec, considérez-le comme un tremplin vers le succès. Apprenez de vos erreurs, analysez ce qui n'a pas fonctionné et utilisez ces connaissances pour vous améliorer et vous développer.

4. **Pratiquez l'autoréflexion :** Réfléchissez régulièrement à vos pensées, croyances et attitudes à l'égard de l'apprentissage et de la croissance. Identifiez les croyances négatives ou limitatives et remettez-les en question. Remplacez-les par des pensées positives et valorisantes.

5. **Entourez-vous d'influences positives :** Entourez-vous de personnes qui ont un état d'esprit de croissance et une attitude positive à l'égard de l'apprentissage et du développement personnel. Leur énergie et leur état d'esprit vous inspireront et vous motiveront à cultiver votre propre état d'esprit de croissance.

6. **Fixez-vous des objectifs réalistes :** Fixez-vous des objectifs qui vous mettent au défi et vous poussent à sortir de votre zone de confort. Décomposez-les en étapes plus petites et réalisables, et célébrez vos progrès en cours de route. Cela vous aidera à rester motivé et concentré sur votre parcours de croissance.

7. **Prenez soin de vous :** Prenez soin de votre bien-être physique, mental et émotionnel. Un corps et un esprit sains sont essentiels pour maintenir une attitude positive et s'engager dans la voie de la croissance.

En combinant les principes de l'intelligence de l'attitude avec la puissance d'un état d'esprit de croissance, nous pouvons libérer notre plein potentiel et atteindre un développement personnel et professionnel remarquable. Le développement d'un état d'esprit de croissance avec l'intelligence de l'attitude nous permet d'aborder la vie avec optimisme, résilience et une soif d'amélioration continue. Il nous permet de relever les défis, d'apprendre de nos échecs et, en fin de compte, de mener une vie épanouissante et réussie.

Chapitre 8

L'intelligence de l'attitude dans la parentalité

8 **.1 Attitude et relations parents-enfants**
Être parent est l'un des rôles les plus importants et les plus difficiles de la vie. En tant que parents, nos attitudes jouent un rôle crucial dans la dynamique de nos relations avec nos enfants. L'intelligence de l'attitude dans le domaine de la parentalité fait référence à la capacité de cultiver une attitude positive et bienveillante qui favorise des relations parent-enfant saines. Il s'agit de comprendre l'impact de nos attitudes sur le développement de nos enfants et d'utiliser cette connaissance pour créer un environnement favorable et aimant.

Le pouvoir de l'attitude dans l'éducation des enfants

Nos attitudes en tant que parents ont une influence profonde sur le bien-être émotionnel, le comportement et le développement général de nos enfants. Les enfants sont très perceptifs et sensibles aux attitudes et aux émotions de leurs parents. Ils nous considèrent comme des modèles et absorbent nos attitudes comme des éponges. Il est donc essentiel de cultiver une attitude positive qui favorise une relation parent-enfant saine.

Une attitude positive en tant que parent implique d'être aimant, de soutenir et de faire preuve d'empathie à l'égard de nos enfants. Cela signifie qu'il faut aborder la parentalité avec un état d'esprit de patience, de compréhension et de communication ouverte. En adoptant une attitude positive, nous créons un environnement dans lequel nos enfants se sentent en sécurité, valorisés et encouragés à s'exprimer.

Instaurer la confiance et la connexion

L'intelligence de l'attitude parentale consiste à établir la confiance et la connexion avec nos enfants. La confiance est le fondement de toute relation saine, et elle est cruciale dans la dynamique parent-enfant. Lorsque nous abordons l'éducation des enfants avec une attitude positive, nous établissons la confiance en montrant constamment à nos enfants que nous sommes là pour eux, que nous les écoutons et que nous respectons leurs sentiments et leurs opinions.

Une attitude positive nous aide également à établir un lien plus profond avec nos enfants. Elle nous permet de comprendre leurs besoins, leurs désirs et leurs craintes. En conservant une attitude positive, nous créons un environnement dans lequel nos enfants se sentent à l'aise pour partager leurs pensées et leurs émotions avec nous. Cette communication ouverte favorise l'établissement d'un lien solide et nous aide à les guider à travers les défis de la vie.

Donner l'exemple d'un comportement positif

Les enfants apprennent en observant et en imitant le comportement de leurs parents. Nos attitudes et nos actions sont de puissants modèles pour le comportement de nos enfants. Lorsque nous adoptons une attitude positive, nous enseignons à nos enfants de précieuses compétences de vie telles que la résilience, l'optimisme et la résolution de problèmes.

En adoptant un comportement positif, nous montrons à nos enfants comment gérer les situations difficiles avec grâce et optimisme. Nous leur enseignons l'importance de la persévérance et la valeur d'un état d'esprit positif. Lorsque nos enfants nous voient aborder les défis avec une attitude positive, ils sont plus susceptibles d'adopter la même approche dans leur propre vie.

Une communication efficace

L'intelligence de l'attitude dans la parentalité implique également une communication efficace. Nos attitudes ont un impact significatif sur la manière dont nous communiquons avec nos enfants. Lorsque nous adoptons une attitude positive, nous sommes plus enclins à communiquer avec empathie, patience et compréhension.

La communication positive implique une écoute active, la validation des sentiments de nos enfants et une réponse empreinte de gentillesse et de respect. Elle implique d'éviter le langage négatif, les critiques et les jugements. En communiquant de manière positive, nous créons un environnement dans lequel nos enfants se sentent entendus, compris et valorisés. Cela renforce la relation parent-enfant et favorise un développement émotionnel sain.

Discipliner avec une attitude positive

La discipline est un aspect essentiel de l'éducation des enfants, et l'intelligence de l'attitude joue un rôle crucial dans l'efficacité de la discipline. La discipline avec une attitude positive implique de fixer des limites claires, de fournir des conseils cohérents et d'utiliser la discipline comme un outil d'enseignement plutôt que comme une punition.

Lorsque nous pratiquons la discipline avec une attitude positive, nous nous efforçons d'apprendre à nos enfants à distinguer le bien du mal, plutôt que de simplement les punir pour leurs erreurs. Nous abordons la discipline avec empathie et compréhension, en aidant nos enfants à tirer les leçons de leurs actes et à faire de meilleurs choix à l'avenir. En adoptant une attitude positive en matière de discipline, nous créons un environnement dans lequel nos enfants se sentent soutenus et encouragés à grandir et à apprendre.

Nourrir l'intelligence émotionnelle

L'intelligence émotionnelle est la capacité de reconnaître, de comprendre et de gérer ses propres émotions et celles des autres. L'attitude intelligente en tant que parent implique de nourrir l'intelligence émotionnelle de nos enfants en leur montrant et en leur apprenant à gérer leurs émotions de manière efficace.

Lorsque nous adoptons une attitude positive, nous créons un espace sûr où nos enfants peuvent exprimer leurs émotions sans craindre d'être jugés ou rejetés. Nous les aidons à développer leur résilience émotionnelle en validant leurs sentiments et en leur apprenant des mécanismes d'adaptation sains. En nourrissant leur intelligence émotionnelle, nous dotons nos enfants de compétences essentielles qui leur seront utiles tout au long de leur vie.

En conclusion, l'intelligence des attitudes dans l'éducation des enfants consiste à cultiver une attitude positive et bienveillante qui favorise des relations saines entre parents et enfants. Il s'agit d'instaurer la confiance, de donner l'exemple d'un comportement positif, de communiquer efficacement, de discipliner avec une attitude positive et de favoriser l'intelligence émotionnelle. En développant l'intelligence émotionnelle dans l'éducation des enfants, nous créons un environnement dans lequel nos enfants peuvent s'épanouir sur le plan émotionnel, social et scolaire.

8.2 Discipline positive et intelligence de l'attitude

La discipline positive est un aspect essentiel de l'éducation des enfants, qui consiste à leur apprendre à se maîtriser, à assumer des responsabilités et à respecter les autres. Elle implique de fixer des limites claires, de prévoir des conséquences cohérentes et de promouvoir une communication saine au sein de la relation parent-enfant. Associée à l'intelligence de l'attitude, la discipline positive devient un outil puissant pour nourrir le bien-être émotionnel de l'enfant et favoriser son attitude positive.

Le rôle de l'intelligence de l'attitude dans la discipline positive

L'intelligence de l'attitude joue un rôle crucial dans la discipline positive, car elle aide les parents à aborder la discipline avec un état d'esprit positif et une attitude empathique. Elle implique de comprendre l'impact de nos paroles et de nos actions sur les enfants et de reconnaître que la discipline n'est pas une question de punition, mais d'enseignement et d'orientation vers un comportement responsable.

Lorsque les parents possèdent une intelligence de l'attitude, ils sont plus susceptibles d'aborder les situations de discipline avec patience, compréhension et empathie. Ils sont capables de conserver une attitude positive même dans les moments difficiles, ce qui leur permet de réagir au comportement de leur enfant de manière constructive et encourageante.

Les principes de la discipline positive

La discipline positive repose sur plusieurs principes clés qui s'alignent sur les principes de l'intelligence de l'attitude. Ces principes sont les suivants

1. **Le respect mutuel :** La discipline positive met l'accent sur le respect et la dignité des enfants. Elle implique d'écouter leurs pensées et leurs sentiments, d'apprécier leurs opinions et de les impliquer dans les processus de prise de décision lorsque cela s'avère approprier. Ce principe s'aligne sur l'accent mis par l'intelligence de l'attitude sur l'encouragement des relations positives et la promotion de l'empathie.

2. **Des limites claires :** La discipline positive consiste à fixer des limites claires et adaptées à l'âge des enfants. Ces limites procurent un sentiment de sécurité et aident les enfants à comprendre ce que l'on attend d'eux. Attitude intelligence reconnaît l'importance de la clarté et de la cohérence dans la communication, ce qui est essentiel pour établir des limites.

3. **La cohérence :** La discipline positive exige de la cohérence dans l'application des règles et des conséquences. Lorsque les parents appliquent systématiquement les conséquences, les enfants apprennent que leurs actions ont des conséquences prévisibles. Cette cohérence s'aligne sur l'accent mis par l'intelligence de l'attitude sur la cohérence de nos pensées, de nos paroles et de nos actions.

4. **Enseignement et orientation :** La discipline positive s'attache à enseigner aux enfants un comportement approprié et des techniques de résolution des problèmes plutôt que de simplement les punir pour leurs erreurs. Elle encourage les parents à expliquer les raisons des règles et des conséquences, afin d'aider les enfants à comprendre l'impact de leurs actions. L'intelligence de l'attitude reconnaît l'importance d'enseigner et de guider les autres vers des attitudes et des comportements positifs.

5. **Renforcement positif :** La discipline positive met l'accent sur l'utilisation du renforcement positif pour encourager le comportement souhaité. Le fait de féliciter et de reconnaître les efforts et les réalisations des enfants contribue à renforcer leur estime de soi et les motive à continuer à faire des choix positifs. L'intelligence de l'attitude reconnaît le pouvoir du renforcement positif dans la formation des attitudes et des comportements.

Appliquer l'intelligence de l'attitude à la discipline positive

Pour appliquer efficacement l'intelligence de l'attitude à la discipline positive, les parents peuvent envisager les stratégies suivantes :

1. **Réflexion personnelle :** Les parents doivent régulièrement réfléchir à leurs propres attitudes et émotions pour s'assurer qu'ils abordent les situations de discipline avec un état d'esprit positif. Cette prise de conscience leur permet d'adopter un comportement positif et de répondre aux actions de leur enfant de manière calme et constructive.

2. **Empathie et compréhension :** L'intelligence de l'attitude encourage les parents à comprendre le point de vue de leur enfant et les raisons sous-jacentes de son comportement. En se mettant à la place de leur enfant, les parents peuvent réagir avec empathie et s'attaquer aux causes profondes du mauvais comportement plutôt que de se concentrer uniquement sur le comportement lui-même.

3. **Une communication efficace :** L'intelligence de l'attitude met l'accent sur l'importance d'une communication efficace pour établir des relations positives. Les parents doivent s'efforcer de communiquer clairement et respectueusement avec leur enfant, en utilisant un langage adapté à son âge et en faisant preuve d'une écoute active. Cette communication ouverte et honnête aide les enfants à se sentir écoutés et compris.

4. **Conséquences naturelles :** La discipline positive encourage le recours aux conséquences naturelles chaque fois que cela est possible. Au lieu d'imposer des punitions arbitraires, les parents peuvent permettre aux enfants de faire l'expérience des conséquences naturelles de leurs actes, ce qui les aide à apprendre de leurs erreurs et à développer des compétences en matière de résolution de problèmes.

5. **Enseigner la responsabilité :** L'intelligence de l'attitude consiste à enseigner aux enfants la responsabilité de leurs actes. Les parents peuvent faire participer leur enfant à des discussions sur la résolution de problèmes, ce qui lui permet d'assumer son comportement et de trouver des solutions pour rectifier le mal causé.

6. **Renforcement positif** : Les parents doivent rechercher activement les occasions de féliciter et de renforcer le comportement positif de leur enfant. En se concentrant sur les aspects positifs, les parents peuvent motiver leur enfant à continuer à faire des choix responsables et à développer une attitude positive envers lui-même et envers les autres.

Les avantages de la discipline positive et de l'intelligence de l'attitude

Lorsque la discipline positive est associée à l'intelligence de l'attitude, elle crée un environnement stimulant et favorable qui permet aux enfants de développer une attitude positive. Voici quelques-uns de ces avantages

1. **Une relation parents-enfants plus forte** : La discipline positive et l'intelligence de l'attitude favorisent l'établissement d'un lien solide entre les parents et les enfants, fondé sur la confiance, le respect et une communication ouverte.

2. **Bien-être émotionnel** : Les enfants élevés avec une discipline positive et une attitude intelligente sont plus susceptibles d'avoir une meilleure estime de soi, une résilience émotionnelle et une vision positive de la vie.

3. **Amélioration du comportement** : En se concentrant sur l'enseignement et l'orientation plutôt que sur la punition, la discipline positive et l'intelligence de l'attitude aident les enfants à développer la maîtrise de soi, la responsabilité et l'empathie envers les autres.

4. **Compétences en matière de résolution des conflits** : Les enfants acquièrent des compétences efficaces en matière de résolution des conflits grâce à la discipline positive, ce qui les aide à gérer les situations difficiles et à entretenir des relations positives tout au long de leur vie.

5. **Développement d'une attitude positive :** La discipline positive et l'intelligence de l'attitude vont de pair pour cultiver une attitude positive chez les enfants. Ils apprennent à aborder les défis avec optimisme, à accepter la croissance et à développer un état d'esprit qui favorise le bien-être personnel et social.

En intégrant des techniques de discipline positive et d'intelligence de l'attitude dans leur approche parentale, les parents peuvent créer un environnement stimulant qui soutient le développement émotionnel de leur enfant, favorise les attitudes positives et les prépare à une vie réussie et épanouissante.

8.3 Enseigner la résilience et l'attitude

L'enseignement de la résilience et de l'attitude est essentiel pour aider les individus à surmonter les défis et les échecs qu'ils peuvent rencontrer dans la vie. La résilience est la capacité à rebondir face à l'adversité, tandis que l'attitude joue un rôle important dans la manière dont une personne réagit à des situations difficiles. En inculquant la résilience et une attitude positive aux enfants, les parents et les éducateurs peuvent leur donner les outils nécessaires pour surmonter les obstacles et s'épanouir dans les différents aspects de la vie.

L'importance d'enseigner la résilience

La résilience est une aptitude précieuse qui permet aux individus de s'adapter, de persévérer et de s'épanouir face à l'adversité. Il est essentiel d'enseigner la résilience aux enfants dès leur plus jeune âge, car cela les prépare à faire face aux revers, aux déceptions et aux échecs qu'ils rencontreront inévitablement tout au long de leur vie. En enseignant la résilience, nous donnons aux enfants les moyens de développer un état d'esprit qui considère les défis comme des opportunités de croissance plutôt que comme des obstacles insurmontables.

Renforcer la résilience grâce à l'intelligence de l'attitude

L'intelligence de l'attitude joue un rôle essentiel dans le développement de la résilience. Elle consiste à cultiver un état d'esprit positif, à développer l'intelligence émotionnelle et à favoriser la confiance en soi. En apprenant aux enfants à aborder les défis avec une attitude positive, ils apprennent à considérer les revers comme temporaires et susceptibles d'être résolus. Voici quelques stratégies pour enseigner la résilience et l'attitude :

1. Encourager un état d'esprit de croissance

Enseignez aux enfants que leurs capacités et leur intelligence peuvent être développées grâce à l'effort et à la persévérance. Insistez sur l'importance de relever les défis, de tirer les leçons des échecs et de persister face aux obstacles. En encourageant un état d'esprit de croissance, les enfants comprennent que leurs capacités ne sont pas figées et qu'ils ont le pouvoir de les développer.

8.4 Favoriser une attitude positive chez les enfants

L'adoption d'une attitude positive par les enfants est essentielle à leur développement et à leur bien-être. Une attitude positive aide non seulement les enfants à surmonter les difficultés de la vie, mais pose également les bases de leur réussite et de leur bonheur futur. En tant que parents et responsables d'enfants, il nous incombe de créer un environnement qui favorise la positivité et aide les enfants à développer un état d'esprit résilient et optimiste. Dans cette section, nous allons explorer diverses stratégies et techniques pour favoriser une attitude positive chez les enfants.

Le pouvoir de la modélisation

Les enfants apprennent en observant et en imitant le comportement des adultes qui les entourent. En tant que parents, nous avons une influence considérable sur les attitudes et la vision de la vie de nos enfants. Il est donc essentiel de faire attention à nos propres attitudes et comportements. En donnant l'exemple d'une attitude positive, nous pouvons inspirer et encourager nos enfants à adopter le même état d'esprit. Voici quelques façons de donner l'exemple d'une attitude positive :

1. **Garder une attitude positive :** Faites preuve d'optimisme et de résilience face aux défis. Faites comprendre à vos enfants que les revers sont temporaires et qu'ils peuvent être surmontés grâce à une attitude positive.

2. **Pratiquez la gratitude :** Exprimez votre gratitude pour les petites choses de la vie et encouragez vos enfants à faire de même. Cela les aide à développer une perspective positive et à apprécier les bonnes choses qui les entourent.

3. **Gérer efficacement le stress :** Montrez des mécanismes d'adaptation sains pour faire face au stress. Enseignez à vos enfants des techniques telles que la respiration profonde, la pleine conscience et le dialogue positif avec soi-même pour gérer leurs émotions et conserver une attitude positive.

4. **Promouvoir la gentillesse et l'empathie :** encouragez les actes de gentillesse et apprenez à vos enfants à faire preuve d'empathie envers les autres. En favorisant un sentiment de compassion, vous les aidez à développer une attitude positive à l'égard des autres et du monde.

Encourager un état d'esprit de croissance

L'état d'esprit de croissance est la conviction que les capacités et l'intelligence peuvent être développées grâce à l'effort et à la persévérance. Il est essentiel d'encourager cet état d'esprit chez les enfants pour qu'ils adoptent une attitude positive à l'égard de l'apprentissage et du développement personnel. Voici quelques stratégies pour encourager un état d'esprit de croissance chez les enfants :

1. **Féliciter les efforts et les progrès :** Au lieu de vous concentrer uniquement sur les réussites, félicitez vos enfants pour leurs efforts et leurs progrès. Cela les aide à comprendre que le travail et la persévérance sont plus importants que le succès immédiat.

2. **Enseigner le pouvoir du "encore" :** Encouragez vos enfants à utiliser le mot "encore" lorsqu'ils sont confrontés à des défis. Par exemple, au lieu de dire "je ne peux pas le faire", ils peuvent dire "je ne peux pas encore le faire". Ce simple changement de langage leur permet de croire en leur capacité à s'améliorer et à grandir.

3. **Mettez l'accent sur le processus d'apprentissage :** Aidez vos enfants à comprendre que les erreurs et les échecs sont des occasions de grandir et d'apprendre. Encouragez-les à réfléchir à leurs expériences, à en tirer des leçons et à élaborer des stratégies d'amélioration.

4. **Fixer des objectifs réalistes :** Aidez vos enfants à se fixer des objectifs réalistes et réalisables. Décomposez les grands objectifs en étapes plus petites et gérables, et célébrez leurs progrès en cours de route. Cela les aide à développer une attitude positive à l'égard de la fixation d'objectifs et de la persévérance.

Créer un environnement positif

L'environnement dans lequel les enfants grandissent et apprennent joue un rôle important dans la formation de leurs attitudes. La création d'un environnement positif et stimulant à la maison et dans d'autres lieux peut grandement influencer les attitudes des enfants et leur bien-être général. Voici quelques moyens de créer un environnement positif pour les enfants :

1. **Établir des attentes claires :** Fixez des attentes claires et adaptées à l'âge de l'enfant en matière de comportement et d'attitude. Communiquez ces attentes de manière efficace et fournissez des conseils et un soutien pour aider les enfants à les satisfaire.

2. **Encourager une communication ouverte :** Créez un environnement dans lequel les enfants se sentent à l'aise pour exprimer leurs pensées et leurs émotions. Écoutez-les activement, validez leurs sentiments et offrez-leur des conseils et du soutien si nécessaire.

3. **Célébrer les réussites :** Reconnaissez et célébrez les réussites de vos enfants, aussi petites soient-elles. Cela les aide à prendre confiance en eux et à adopter une attitude positive à l'égard de leurs capacités.

4. **Encouragez l'amour de l'apprentissage :** Encouragez la curiosité et l'amour de l'apprentissage en offrant des possibilités d'exploration et de découverte. Participez à des activités qui stimulent leurs intérêts et encouragez-les à poursuivre leurs passions.

Enseigner l'intelligence émotionnelle

L'intelligence émotionnelle est la capacité à reconnaître, comprendre et gérer ses propres émotions et celles des autres. En enseignant l'intelligence émotionnelle aux enfants, nous leur donnons les moyens de gérer leurs émotions et de développer une attitude positive envers eux-mêmes et les autres. Voici quelques stratégies pour enseigner l'intelligence émotionnelle :

1. **Identifier et valider les émotions :** Aidez les enfants à identifier et à nommer leurs émotions avec précision. Validez leurs sentiments et apprenez-leur des façons saines d'exprimer et de gérer leurs émotions.

2. **Enseigner les techniques de résolution de problèmes :** Aidez les enfants à acquérir des compétences en matière de résolution de problèmes afin qu'ils puissent faire face efficacement aux situations difficiles. Encouragez-les à faire preuve d'esprit critique, à envisager différentes perspectives et à explorer diverses solutions.

3. **Promouvoir l'empathie et la compréhension :** Apprenez aux enfants à faire preuve d'empathie envers les autres et à comprendre les différents points de vue. Encouragez-les à réfléchir à l'impact que leurs actions et leurs paroles peuvent avoir sur les autres et favorisez une attitude positive en faveur de l'inclusion et du respect.

4. **Encourager l'autoréflexion :** Aidez les enfants à développer leur conscience de soi en les encourageant à réfléchir sur leurs pensées, leurs sentiments et leurs actions. Cette réflexion favorise le développement personnel et une attitude positive à l'égard de l'amélioration de soi.

Le développement d'une attitude positive chez les enfants est un voyage qui dure toute la vie et qui exige de la patience, de la constance et un engagement sincère envers leur bien-être. En mettant en œuvre ces stratégies et techniques, nous pouvons aider nos enfants à développer une attitude positive qui leur sera utile dans tous les aspects de leur vie. N'oubliez pas que les attitudes que nous inculquons à nos enfants aujourd'hui façonneront les adultes qu'ils deviendront demain.

Chapitre 9

L'intelligence de l'attitude dans les interactions

9.1 Attitude et empathie

L'empathie est la capacité à comprendre et à partager les sentiments des autres. Elle est un aspect fondamental de l'interaction humaine et joue un rôle crucial dans l'établissement de relations constructives. En matière d'intelligence de l'attitude, l'empathie est une composante essentielle qui peut grandement améliorer nos interactions avec les autres et avoir un impact positif sur tous les aspects de notre vie.

Un sens aigu de l'empathie nous permet d'entrer en contact avec les autres à un niveau plus profond. Elle nous permet de comprendre leurs points de vue, leurs émotions et leurs expériences, ce qui nous aide à réagir avec plus de compassion et d'attention. En cultivant l'empathie, nous pouvons développer une meilleure compréhension des personnes qui nous entourent, ce qui favorise des relations plus solides et crée un environnement plus harmonieux.

Dans les relations personnelles, l'empathie est essentielle pour instaurer la confiance et l'intimité. Lorsque nous faisons preuve d'empathie à l'égard de nos proches, nous pouvons mieux comprendre leurs besoins, leurs désirs et leurs difficultés. Cette compréhension nous permet de leur apporter le soutien et les soins dont ils ont besoin, renforçant ainsi le lien qui nous unit. En faisant preuve d'empathie, nous créons un espace sûr pour une communication ouverte et une vulnérabilité émotionnelle, ce qui est essentiel pour maintenir des relations saines et épanouissantes.

Dans la vie professionnelle, l'empathie est tout aussi importante. Elle nous permet de comprendre les perspectives et les besoins de nos collègues, de nos clients et de nos consommateurs. En nous mettant à leur place, nous pouvons adapter notre communication et nos actions pour répondre efficacement à leurs attentes. Cela permet non seulement d'améliorer le travail d'équipe et la collaboration, mais aussi d'accroître la satisfaction et la fidélité des clients. L'empathie sur le lieu de travail favorise un environnement positif et inclusif, où les individus se sentent valorisés et compris.

L'empathie joue également un rôle important dans notre santé et notre bien-être. Lorsque nous faisons preuve d'empathie à l'égard des autres, nous développons un sentiment d'interconnexion et de compassion. Cela peut avoir un impact profond sur notre bien-être mental et émotionnel, en réduisant le stress et en favorisant une vision positive de la vie. En outre, l'empathie peut améliorer notre santé physique en nous encourageant à nous engager dans des actes de gentillesse et de soutien, dont il a été démontré qu'ils renforcent le système immunitaire et améliorent l'état de santé général.

Dans le cadre du développement personnel, l'empathie nous aide à mieux nous comprendre et à développer une plus grande conscience de soi. En faisant preuve d'empathie à l'égard de nos propres émotions et expériences, nous pouvons identifier les domaines dans lesquels nous pouvons progresser et travailler à notre amélioration personnelle. En outre, l'empathie envers les autres nous permet d'apprendre de leurs expériences et d'acquérir des connaissances précieuses qui peuvent contribuer à notre propre développement. En adoptant l'empathie, nous nous ouvrons à de nouvelles perspectives et opportunités de développement.

L'intelligence de l'attitude combinée à l'empathie peut également avoir un impact significatif sur notre réussite financière. En faisant preuve d'empathie à l'égard des autres, nous pouvons mieux comprendre leurs besoins et leurs désirs, ce qui peut éclairer nos processus de prise de décision. Cette compréhension peut nous aider à identifier des opportunités d'innovation et à créer des produits ou des services qui répondent réellement aux besoins de notre public cible. En outre, l'empathie peut améliorer nos compétences en matière de négociation, ce qui nous permet d'établir des relations mutuellement bénéfiques et d'obtenir des résultats favorables.

Dans le domaine de l'éducation, l'empathie est essentielle pour un enseignement et un apprentissage efficaces. Lorsque les éducateurs font preuve d'empathie à l'égard de leurs élèves, ils peuvent mieux comprendre leurs forces, leurs faiblesses et leurs styles d'apprentissage individuels. Cette compréhension leur permet d'adapter leurs méthodes d'enseignement et de fournir un soutien personnalisé, ce qui se traduit par une amélioration des résultats scolaires et de l'engagement. En outre, l'empathie dans l'éducation favorise un environnement d'apprentissage positif et inclusif, où les élèves se sentent valorisés et soutenus.

Dans l'éducation des enfants, l'empathie est essentielle pour entretenir des relations saines entre parents et enfants. En faisant preuve d'empathie à l'égard de nos enfants, nous pouvons mieux comprendre leurs émotions et leurs besoins, ce qui nous permet de réagir avec sensibilité et de les soutenir. Cela favorise l'établissement d'un lien solide entre le parent et l'enfant, encourageant la confiance, la communication ouverte et le bien-être émotionnel. En outre, l'empathie aide les parents à enseigner des valeurs importantes telles que la gentillesse, la compassion et le respect.

Dans les interactions sociales, l'empathie est un outil puissant pour établir des liens et favoriser la compréhension entre des individus d'origines et de cultures différentes. En faisant preuve d'empathie à l'égard des autres, nous pouvons combler le fossé des différences et promouvoir la sensibilité culturelle. Cela conduit à une société plus inclusive et harmonieuse, où la diversité est célébrée et les préjugés combattus.

En conclusion, l'empathie est une composante essentielle de l'intelligence de l'attitude qui a le pouvoir d'avoir un impact positif sur tous les aspects de notre vie. En cultivant l'empathie, nous pouvons établir des relations plus solides, améliorer nos compétences en matière de communication et créer un monde plus compatissant et plus inclusif. L'empathie nous permet de comprendre les autres et de nous rapprocher d'eux à un niveau plus profond, ce qui favorise la compréhension, la confiance et le respect mutuel. En adoptant l'empathie, nous pouvons véritablement exploiter le pouvoir de l'intelligence des attitudes et créer une vie plus harmonieuse et plus épanouissante.

9.2 Établir des liens avec l'intelligence d'attitude

Établir des liens avec les autres est un aspect essentiel de notre vie. Qu'il s'agisse de nos relations personnelles, de nos interactions professionnelles ou de nos engagements sociaux, la capacité à établir des liens avec les autres à un niveau significatif peut avoir un impact considérable sur notre bien-être et notre réussite en général. L'intelligence de l'attitude joue un rôle crucial dans l'établissement de ces liens, car elle nous permet d'aborder les interactions avec un état d'esprit positif et ouvert, favorisant la compréhension, l'empathie et la collaboration.

Le pouvoir de l'attitude dans la création de liens

Notre attitude est le prisme à travers lequel nous percevons le monde et interagissons avec les autres. Elle façonne nos pensées, nos émotions et nos comportements, influençant en fin de compte la qualité de nos relations. Lorsque nous abordons les relations avec une attitude positive, nous créons un environnement propice à la confiance, au respect et à la compréhension mutuelle.

L'intelligence de l'attitude nous permet de cultiver un état d'esprit qui valorise et apprécie le caractère unique des autres. Elle nous encourage à faire preuve d'ouverture d'esprit, d'absence de jugement et d'empathie, ce qui nous permet d'entrer en contact avec des personnes aux origines et aux perspectives diverses. En adoptant une attitude positive, nous pouvons combler les lacunes, faire tomber les barrières et favoriser des liens significatifs avec les autres.

Développer l'intelligence de l'attitude pour créer des liens

Le développement de l'intelligence de l'attitude nécessite une prise de conscience de soi, une réflexion personnelle et une volonté de progresser. Voici quelques stratégies pour améliorer votre intelligence de l'attitude et créer des liens avec les autres :

1. **Pratiquer l'écoute active**

L'écoute active est une compétence fondamentale pour créer des liens. Elle consiste à accorder toute son attention à la personne qui parle, sans l'interrompre ni la juger. En écoutant activement, vous faites preuve de respect et d'empathie, ce qui permet à l'autre personne de se sentir valorisée et comprise. Cela crée une base solide pour établir des relations fondées sur la confiance et le respect mutuel.

2. Cultiver l'empathie

L'empathie est la capacité à comprendre et à partager les sentiments des autres. Elle nous permet d'entrer en contact avec les autres à un niveau plus profond, car nous pouvons nous identifier à leurs expériences et à leurs émotions. Cultiver l'empathie consiste à se mettre à la place d'une autre personne, à chercher activement à comprendre son point de vue et à réagir avec compassion. En pratiquant l'empathie, vous pouvez établir des liens plus forts et favoriser un sentiment d'appartenance.

3. Être authentique et sincère

L'authenticité est essentielle pour établir des relations sincères. Lorsque vous êtes fidèle à vous-même et que vous exprimez honnêtement vos pensées et vos émotions, les autres sont plus enclins à vous faire confiance et à se rapprocher de vous. Évitez de vous mettre en scène ou de prétendre être quelqu'un que vous n'êtes pas. Acceptez votre singularité et laissez votre vraie personnalité transparaître dans vos interactions avec les autres.

4. Montrer de l'appréciation et de la gratitude

Exprimer son appréciation et sa gratitude envers les autres est un moyen puissant de créer des liens. Reconnaissez les contributions et les efforts des personnes qui vous entourent. Un simple remerciement ou un compliment sincère peut contribuer grandement à renforcer les relations et à favoriser une atmosphère positive.

5. Pratiquer une communication efficace

Une communication efficace est essentielle pour créer des liens. Faites attention à votre ton, à votre langage corporel et au choix de vos mots lorsque vous interagissez avec les autres. Efforcez-vous d'être clair, concis et respectueux dans votre communication. Écoutez activement, posez des questions de clarification et donnez un retour d'information constructif si nécessaire. Une communication efficace permet d'instaurer la confiance et la compréhension, ce qui facilite l'établissement de liens plus solides.

6. Chercher un terrain d'entente

Trouver des points communs avec d'autres personnes est un moyen efficace de créer des liens. Recherchez des intérêts, des valeurs ou des objectifs communs sur lesquels vous pouvez établir des liens. Engagez des conversations qui vous permettent d'explorer ces points communs et d'établir des relations. En vous concentrant sur des expériences communes, vous pouvez créer un sentiment d'appartenance et renforcer vos liens avec les autres.

Les avantages de la création de liens grâce à l'intelligence de l'attitude

L'établissement de liens grâce à l'intelligence de l'attitude présente de nombreux avantages qui ont un impact positif sur divers aspects de notre vie :

1. Amélioration des relations personnelles

L'intelligence d'attitude renforce les relations personnelles en favorisant la compréhension, l'empathie et une communication efficace. Elle nous permet de nous connecter avec nos proches à un niveau plus profond, ce qui conduit à des liens plus forts et à des relations plus épanouissantes.

2. Amélioration des interactions professionnelles

Dans le domaine professionnel, l'intelligence des attitudes nous permet d'établir des relations positives avec nos collègues, nos clients et nos supérieurs. Elle favorise la collaboration, le travail d'équipe et une communication efficace, ce qui se traduit par une augmentation de la productivité et de la réussite professionnelle.

3. Un engagement social accru

L'intelligence de l'attitude améliore notre capacité à établir des liens avec les autres dans un contexte social. Elle nous permet d'engager des conversations intéressantes, de nouer de nouvelles amitiés et de créer un sentiment d'appartenance à une communauté. En favorisant les connexions, nous pouvons enrichir notre vie sociale et créer un réseau de soutien.

4. Amélioration du bien-être émotionnel

Établir des liens avec une attitude positive contribue à notre bien-être émotionnel. Des liens significatifs procurent un sentiment d'appartenance, de soutien et de validation, réduisant ainsi les sentiments de solitude et d'isolement. Elles contribuent également à accroître le bonheur, l'estime de soi et la satisfaction globale de la vie.

5. Élargissement des perspectives et de la croissance

Établir des liens avec des personnes diverses nous expose à des perspectives, des idées et des expériences différentes. Cela élargit nos horizons, favorise le développement personnel et remet en question nos idées préconçues. L'intelligence de l'attitude nous permet d'accepter ces différences et d'apprendre des autres, ce qui favorise le développement personnel et intellectuel.

En conclusion, l'intelligence de l'attitude joue un rôle essentiel dans l'établissement de liens avec les autres. En cultivant une attitude positive, en pratiquant l'écoute active, l'empathie et une communication efficace, nous pouvons favoriser des relations significatives dans tous les aspects de notre vie. Établir des liens grâce à l'intelligence de l'attitude améliore nos relations personnelles, nos interactions professionnelles, nos engagements sociaux et notre bien-être général. Adoptez le pouvoir de l'intelligence de l'attitude et observez vos relations s'épanouir et enrichir votre vie.

9.3 Attitude et sensibilité culturelle

La sensibilité culturelle est un aspect essentiel de l'intelligence de l'attitude. Elle implique de connaître et de respecter les croyances, les valeurs, les coutumes et les traditions des différentes cultures. Une attitude sensible à la culture permet aux individus d'interagir et de communiquer efficacement avec des personnes d'origines diverses, ce qui favorise la compréhension, l'harmonie et l'inclusion.

Comprendre la sensibilité culturelle

La sensibilité culturelle est la capacité de reconnaître et d'apprécier les différences et les similitudes entre diverses cultures. Elle implique d'être ouvert d'esprit, de ne pas porter de jugement et d'être prêt à s'informer sur les pratiques et les perspectives culturelles différentes. Les personnes sensibles à la culture comprennent qu'il n'existe pas de norme universelle en matière de comportement et que ce qui est acceptable dans une culture ne l'est pas forcément dans une autre.

L'importance de la sensibilité culturelle

La sensibilité culturelle est cruciale dans le monde interconnecté d'aujourd'hui. Alors que la mondialisation continue de rassembler des personnes de cultures différentes, il est essentiel de développer une attitude qui embrasse la diversité et promeut l'inclusion. Voici quelques raisons pour lesquelles la sensibilité culturelle est importante :

1. **Promouvoir le respect et la compréhension :** La sensibilité culturelle contribue à favoriser le respect et la compréhension entre des individus issus de milieux culturels différents. Elle permet d'apprécier et de valoriser la diversité des expériences humaines, de promouvoir l'empathie et de réduire les préjugés.

2. **Communication efficace :** La sensibilité culturelle améliore la communication en permettant aux individus de comprendre et d'interpréter les signaux verbaux et non verbaux dans un contexte culturel. Elle permet d'éviter les malentendus, les interprétations erronées et les conflits potentiels qui peuvent survenir en raison des différences culturelles.

3. **Établir des relations :** Les personnes sensibles à la culture sont plus susceptibles d'établir des relations significatives et authentiques avec des personnes de cultures différentes. En faisant preuve de respect pour les pratiques et les croyances culturelles, elles créent un environnement de confiance et d'acceptation qui renforce les liens interpersonnels.

4. **Améliorer la collaboration :** Dans le cadre professionnel, la sensibilité culturelle est essentielle pour une collaboration et un travail d'équipe efficaces. Elle permet aux individus d'apprécier des perspectives diverses, de tirer parti de forces différentes et de travailler ensemble à la réalisation d'objectifs communs, ce qui se traduit par une augmentation de la productivité et de l'innovation.

5. **Éviter les stéréotypes et les préjugés :** La sensibilité culturelle aide à remettre en question les stéréotypes et les préjugés en reconnaissant le caractère unique des individus au sein d'un groupe culturel. Elle encourage les individus à aller au-delà des généralisations et à traiter chaque personne comme un individu avec ses propres croyances, valeurs et expériences.

Développer la sensibilité culturelle

Le développement de la sensibilité culturelle est un processus continu qui nécessite une réflexion personnelle, une éducation et une exposition à différentes cultures. Voici quelques stratégies pour améliorer la sensibilité culturelle :

1. **Prendre conscience de soi** : Commencez par examiner vos propres préjugés et hypothèses culturels. Réfléchissez à la manière dont vos origines culturelles influencent vos attitudes et vos comportements. Reconnaissez que la sensibilité culturelle est un parcours d'apprentissage tout au long de la vie.

2. **Éducation et apprentissage** : Renseignez-vous sur les différentes cultures à l'aide de livres, de documentaires et de ressources en ligne. Assistez à des événements culturels, des festivals et des ateliers pour acquérir une connaissance et une compréhension de première main.

3. **Écoute active** : Pratiquez l'écoute active lors de vos échanges avec des personnes de cultures différentes. Prêtez attention à leurs points de vue, à leurs expériences et à leurs valeurs. Évitez de faire des suppositions ou d'imposer vos propres normes culturelles.

4. **Respect et empathie** : faites preuve de respect et d'empathie à l'égard des personnes de cultures différentes. Faites preuve d'ouverture d'esprit et ne portez pas de jugement. Cherchez à comprendre leurs points de vue et leurs expériences sans imposer vos propres croyances.

5. **Posez des questions** : Si vous avez des doutes sur une pratique ou une croyance culturelle, posez des questions avec respect. Les gens sont souvent prêts à partager leurs expériences culturelles et apprécient la curiosité sincère.

6. **S'adapter** : Faites preuve d'adaptabilité et de souplesse dans différents contextes culturels. Reconnaissez que les normes et les pratiques culturelles peuvent varier et soyez prêt à adapter votre comportement en conséquence.

7. **Éviter les stéréotypes** : Remettez en question les stéréotypes et évitez de faire des généralisations sur les individus en fonction de leur origine culturelle. Traitez chaque personne comme un individu avec ses propres expériences et perspectives.

Avantages de la sensibilité culturelle

Le développement de la sensibilité culturelle apporte de nombreux avantages aux individus et à la société dans son ensemble. Voici quelques-uns des principaux avantages :

1. **Amélioration des relations interpersonnelles** : Les personnes sensibles à la culture sont plus susceptibles d'établir des relations solides et significatives avec des personnes d'origines diverses. Ils peuvent établir des liens plus profonds et apprécier la richesse des différentes cultures.

2. **Perspective globale** : La sensibilité culturelle élargit la perspective et la compréhension du monde. Elle permet aux individus de voir au-delà de leur propre bulle culturelle et d'apprécier la diversité et la complexité des expériences humaines.

3. **Réduction des conflits** : En favorisant la compréhension et le respect, la sensibilité culturelle contribue à réduire les conflits qui peuvent survenir en raison de malentendus culturels. Elle favorise un environnement d'harmonie et d'inclusion.

4. **Augmentation de la créativité et de l'innovation** : L'adoption de perspectives et d'idées diverses issues de cultures différentes stimule la créativité et l'innovation. Les personnes sensibles à la culture peuvent s'inspirer de diverses pratiques culturelles et les adapter pour résoudre des problèmes et créer de nouvelles solutions.

5. **Cohésion sociale** : La sensibilité culturelle contribue à la cohésion sociale en favorisant l'inclusion et en réduisant la discrimination. Elle aide à créer une société dans laquelle des individus issus de milieux culturels différents peuvent vivre en harmonie et contribuer au bien-être général de la communauté.

En conclusion, l'intelligence des attitudes englobe la sensibilité culturelle en tant que composante essentielle. Développer une attitude sensible à la culture permet aux individus de naviguer dans des paysages culturels divers avec respect, compréhension et empathie. En acceptant les différences culturelles, nous pouvons favoriser des relations inclusives, une communication efficace et une société harmonieuse.

9.4 Promouvoir une attitude positive dans la société

La promotion d'une attitude positive dans la société est essentielle pour créer une communauté harmonieuse et prospère. L'intelligence de l'attitude joue un rôle important dans la formation de l'état d'esprit collectif et du comportement des individus au sein d'une société. Lorsque les individus adoptent une attitude positive, cela ne profite pas seulement à leur bien-être personnel, mais a également un effet d'entraînement sur les personnes qui les entourent. Dans cette section, nous examinerons comment la promotion d'une attitude positive dans la société peut conduire à divers résultats positifs et contribuer à la croissance et au développement globaux des communautés.

Le pouvoir de l'attitude positive dans la société

Une attitude positive a le pouvoir de transformer les sociétés en favorisant un sentiment d'unité, de coopération et de résilience. Lorsque les individus abordent la vie avec optimisme et une attitude positive, ils sont plus susceptibles de surmonter les difficultés et de trouver des solutions innovantes aux problèmes de la société. Les attitudes positives favorisent également l'inclusion et l'empathie, créant un environnement favorable où les individus se sentent valorisés et compris.

Construire une culture de l'attitude positive

La promotion d'une attitude positive dans la société nécessite un effort collectif de la part des individus, des communautés et des institutions. Voici quelques stratégies pour créer une culture de l'attitude positive :

1. **Éducation et sensibilisation :** Il est essentiel de sensibiliser les individus à l'importance d'une attitude positive et à son impact sur la société. Les écoles, les établissements d'enseignement supérieur et les organisations communautaires peuvent intégrer des programmes d'intelligence de l'attitude dans leur programme d'études afin d'enseigner aux jeunes les avantages de la positivité et la manière dont elle peut contribuer à une société meilleure.

2. **Modèles et figures d'inspiration :** Mettre en avant des personnes qui incarnent une attitude positive peut inspirer d'autres personnes à adopter un état d'esprit similaire. Partager des histoires de résilience, de compassion et de détermination peut motiver les individus à adopter une attitude positive et à faire la différence au sein de leur communauté.

3. **Promouvoir l'intelligence émotionnelle :** L'intelligence émotionnelle est étroitement liée à l'intelligence de l'attitude. En encourageant les compétences en intelligence émotionnelle telles que la conscience de soi, l'empathie et la communication efficace, la société peut favoriser un environnement positif et solidaire dans lequel les individus peuvent s'épanouir.

4. **Encourager le bénévolat et l'engagement communautaire :** La participation à des activités de bénévolat et de service à la communauté peut favoriser une attitude positive en encourageant un sentiment d'utilité et d'appartenance. Encourager les individus à consacrer leur temps et leurs compétences à aider les autres ne sont pas seulement bénéfique pour les bénéficiaires, mais améliore également le bien-être et la satisfaction des bénévoles.

5. **Créer des réseaux de soutien :** La mise en place de réseaux de soutien et de plates-formes où les individus peuvent se connecter, partager leurs expériences et se soutenir émotionnellement peut contribuer à une culture de l'attitude positive. Ces réseaux peuvent être créés par le biais de centres communautaires, de forums en ligne ou de groupes de médias sociaux, permettant aux individus de s'encourager et de s'inspirer les uns les autres.

Les avantages de la promotion d'une attitude positive dans la société

La promotion d'une attitude positive dans la société peut avoir de nombreux avantages qui vont au-delà du bien-être individuel. Voici quelques avantages clés :

1. **Amélioration de la santé mentale :** Une attitude positive peut contribuer à réduire le stress, l'anxiété et la dépression chez les individus. En promouvant une attitude positive dans la société, nous pouvons créer un environnement qui favorise le bien-être mental et encourage les individus à chercher de l'aide lorsqu'ils en ont besoin.

2. **Renforcement des liens sociaux :** Une attitude positive favorise les relations saines et les liens sociaux. Lorsque les individus abordent les interactions avec positivité et gentillesse, cela crée un effet d'entraînement, conduisant à des liens sociaux plus forts et à un sentiment d'appartenance au sein de la communauté.

3. **Productivité et innovation accrues :** Une attitude positive favorise la créativité, la résolution de problèmes et un état d'esprit de croissance. Lorsque les individus croient en leurs capacités et abordent les défis avec optimisme, ils sont plus susceptibles de trouver des solutions innovantes et de contribuer au progrès et au développement de la société dans son ensemble.

4. Réduction des conflits et amélioration de la coopération : Une attitude positive encourage l'ouverture d'esprit, l'empathie et la compréhension. Cela permet de réduire les conflits et d'améliorer la coopération entre les individus et les groupes au sein de la société. En promouvant une attitude positive, nous pouvons créer une communauté plus pacifique et plus harmonieuse.

5. Inspiration pour les générations futures : Lorsque la société promeut une attitude positive, elle donne l'exemple aux générations futures. Les enfants et les jeunes qui grandissent dans une culture de l'attitude positive sont plus susceptibles d'adopter des mentalités similaires et de contribuer positivement à la société en grandissant.

Surmonter les difficultés liées à la promotion de l'attitude positive

La promotion d'une attitude positive dans la société n'est pas sans poser de problèmes. Voici quelques obstacles courants et des stratégies pour les surmonter :

1. Résistance au changement : Certaines personnes peuvent résister à l'adoption d'une attitude positive en raison de croyances personnelles, d'expériences passées ou de facteurs culturels. Pour vaincre cette résistance, il faut faire preuve de patience et d'empathie et démontrer les avantages de la positivité par des exemples de réussite et des recherches scientifiques.

2. Influences négatives : Les influences négatives, telles que les images véhiculées par les médias, les normes sociétales et la pression des pairs, peuvent entraver la promotion d'une attitude positive. Pour contrer ces influences, il faut créer des récits alternatifs, promouvoir des modèles positifs et fournir des plateformes permettant aux voix positives de se faire entendre.

3. **Manque de sensibilisation :** De nombreuses personnes peuvent ne pas être conscientes de l'impact de leur attitude sur la société ou ne pas avoir accès aux ressources qui favorisent une attitude positive. La sensibilisation par l'éducation, les programmes communautaires et les campagnes médiatiques peut contribuer à combler ce fossé.

4. **Durabilité :** La promotion d'une attitude positive dans la société nécessite un engagement à long terme et une durabilité. Il est essentiel d'intégrer des programmes d'intelligence comportementale dans divers aspects de la société, y compris l'éducation, les lieux de travail et les organisations communautaires, afin d'assurer un renforcement continu des attitudes positives.

En promouvant une attitude positive dans la société, nous pouvons créer une communauté plus compatissante, plus résiliente et plus prospère. Il est de notre responsabilité collective de favoriser une culture de l'attitude positive qui profite aux individus, aux relations et au bien-être général de la société. Adoptons le pouvoir de l'intelligence de l'attitude et travaillons ensemble pour créer un avenir meilleur pour tous.

Chapitre 10

L'intelligence de l'attitude dans le bonheur personnel

10.1 Attitude et bonheur

Le bonheur est un objectif universel qui transcende les frontières culturelles et les circonstances personnelles. Il s'agit d'un état de bien-être et de satisfaction que de nombreuses personnes s'efforcent d'atteindre. L'intelligence de l'attitude joue un rôle crucial dans la détermination de notre niveau de bonheur et de satisfaction dans la vie. Notre attitude vis-à-vis de nous-mêmes, des autres et du monde qui nous entoure influe grandement sur notre bonheur général.

Le pouvoir de l'attitude

L'attitude est un état d'esprit, une façon de penser et de percevoir le monde. C'est la lentille à travers laquelle nous interprétons et réagissons aux expériences de la vie. Notre attitude façonne nos pensées, nos émotions et nos actions, et détermine en fin de compte notre bonheur. Une attitude positive nous permet d'aborder la vie avec optimisme, résilience et gratitude, tandis qu'une attitude négative peut conduire au pessimisme, à l'insatisfaction et au malheur.

Le lien entre l'attitude et le bonheur

La recherche a toujours montré une forte corrélation entre l'attitude et le bonheur. Des études ont montré que les personnes ayant une attitude positive ont tendance à connaître des niveaux plus élevés de bonheur et de satisfaction dans la vie. Elles sont plus résistantes face aux défis, ont de meilleures relations et jouissent d'une meilleure santé physique et mentale.

Ce lien s'explique notamment par le fait qu'une attitude positive nous aide à nous concentrer sur les aspects positifs de la vie. Elle nous permet d'apprécier le moment présent, de trouver de la joie dans les plaisirs simples et de cultiver la gratitude pour ce que nous avons. En adoptant une attitude positive, nous cessons de nous attarder sur les problèmes et la négativité pour nous tourner vers les opportunités et les possibilités.

Attitude et bien-être émotionnel

Notre attitude joue également un rôle important dans notre bien-être émotionnel. Une attitude positive nous aide à gérer le stress, à faire face à l'adversité et à réguler efficacement nos émotions. Elle nous permet d'aborder les situations difficiles avec résilience et optimisme, ce qui nous permet de rebondir après un échec et de maintenir un certain équilibre émotionnel.

À l'inverse, une attitude négative peut entraîner une détresse émotionnelle, telle que l'anxiété, la dépression et la colère. Lorsque nous nous concentrons constamment sur les aspects négatifs de la vie, nous devenons plus sensibles aux émotions négatives et aux problèmes de santé mentale. En cultivant une attitude positive, nous pouvons améliorer notre bien-être émotionnel et être plus heureux.

Cultiver une attitude positive pour être heureux

Le développement d'une attitude positive est un parcours de toute une vie qui nécessite un effort conscient et une réflexion personnelle. Voici quelques stratégies pour cultiver une attitude positive et accroître le bonheur :

1. **Pratiquer la gratitude :** Cultiver la gratitude est un moyen efficace de se concentrer sur les aspects positifs de la vie. Chaque jour, prenez le temps de réfléchir aux choses dont vous êtes reconnaissant, qu'elles soient petites ou grandes. Cette pratique aide à reconnecter notre cerveau pour qu'il remarque et apprécie ce qu'il y a de bon dans notre vie.

2. **Remettez en question les pensées négatives :** Prêtez attention à vos pensées et remettez en question les schémas de pensée négatifs. Remplacez votre discours négatif par des affirmations positives et des perspectives réalistes. En recadrant les pensées négatives, vous pouvez cultiver une attitude plus positive.

3. **Entourez-vous de positivité :** Entourez-vous de personnes positives qui vous soutiennent et vous inspirent. Participez à des activités qui vous apportent de la joie et de l'épanouissement. Créez un environnement positif qui favorise votre bonheur et votre bien-être.

4. **Prenez soin de vous :** Prenez soin de votre bien-être physique, mental et émotionnel. Participez à des activités qui favorisent l'autonomie, telles que l'exercice, la méditation et les passe-temps. Accordez la priorité à l'auto-prise en charge afin d'adopter une attitude positive et d'améliorer votre bonheur général.

5. **Concentrez-vous sur les solutions :** Au lieu de vous attarder sur les problèmes, concentrez-vous sur la recherche de solutions. Adoptez un état d'esprit proactif qui vous permet de rechercher des opportunités de croissance et d'amélioration. En vous concentrant sur les solutions, vous pouvez conserver une attitude positive même dans les situations difficiles.

6. **Pratiquez la pleine conscience :** La pleine conscience est la pratique qui consiste à être pleinement présent dans le moment présent, sans jugement. Elle nous aide à cultiver la conscience et l'acceptation de nos pensées, de nos émotions et de nos expériences. En pratiquant la pleine conscience, nous pouvons développer une attitude plus positive et connaître un plus grand bonheur.

7. **Célébrez les petites victoires :** Reconnaissez et célébrez vos réussites, aussi petites soient-elles. Reconnaissez vos progrès et attribuez-vous le mérite de vos efforts. La célébration des petites victoires renforce la confiance en soi et l'attitude positive.

N'oubliez pas que le développement d'une attitude positive demande du temps et des efforts. Il s'agit d'une pratique continue qui nécessite une réflexion sur soi, une prise de conscience de soi et un engagement en faveur du développement personnel. En cultivant une attitude positive, vous pouvez accroître votre bonheur et mener une vie plus épanouissante.

Conclusion

L'intelligence de l'attitude joue un rôle essentiel dans notre quête du bonheur. En cultivant une attitude positive, nous pouvons accroître notre bien-être général, améliorer nos relations et relever les défis de la vie avec résilience et optimisme. Le bonheur n'est pas uniquement déterminé par des circonstances extérieures, mais il est largement influencé par notre attitude face à la vie. Adopter une attitude positive est un outil puissant pour créer une vie plus heureuse et plus épanouissante.

10.2 Gratitude et intelligence de l'attitude

La gratitude est une émotion puissante qui peut avoir un impact significatif sur notre attitude et notre bien-être général. Lorsque nous cultivons une attitude de gratitude, nous apprécions davantage les aspects positifs de notre vie, ce qui renforce notre intelligence de l'attitude. Dans cette section, nous allons explorer le lien entre la gratitude et l'intelligence de l'attitude et la manière dont la pratique de la gratitude peut influencer positivement divers aspects de notre vie.

Le pouvoir de la gratitude

La gratitude consiste à reconnaître et à apprécier les bonnes choses de notre vie. Elle consiste à reconnaître les bénédictions, petites ou grandes, et à exprimer sa gratitude. Lorsque nous adoptons une attitude de gratitude, nous ne nous concentrons plus sur ce qui nous manque mais sur ce que nous avons, ce qui favorise un état d'esprit positif et améliore notre intelligence de l'attitude.

Il a été scientifiquement prouvé que la gratitude présente de nombreux avantages pour notre bien-être mental, émotionnel et physique. Les recherches montrent que la pratique régulière de la gratitude peut améliorer notre humeur, augmenter le niveau de bonheur, réduire le stress et l'anxiété, améliorer l'estime de soi et même renforcer notre système immunitaire. En cultivant la gratitude, nous pouvons transformer notre attitude et notre approche de la vie, ce qui nous permet de mener une existence plus épanouissante et plus positive.

Gratitude et intelligence de l'attitude

L'intelligence de l'attitude implique la capacité de reconnaître et de gérer efficacement nos attitudes. Elle englobe la conscience de soi, l'intelligence émotionnelle et la capacité à choisir et à conserver une attitude positive. La gratitude joue un rôle essentiel dans le développement et l'amélioration de l'intelligence de l'attitude en changeant notre perspective et en influençant nos pensées, nos émotions et nos comportements.

Lorsque nous pratiquons la gratitude, nous entraînons notre esprit à se concentrer sur les aspects positifs de notre vie, même en cas de défis et de difficultés. Ce changement de perspective nous permet d'aborder les situations avec une attitude plus positive et optimiste, ce qui nous permet de traverser les hauts et les bas de la vie avec résilience et grâce. La gratitude nous aide à recadrer les expériences négatives, à tirer des leçons des revers et à apprécier les opportunités de croissance qu'ils présentent.

La gratitude dans les relations personnelles

La gratitude a un impact profond sur nos relations personnelles. Lorsque nous exprimons de la gratitude envers nos proches, nous renforçons le lien et approfondissons la connexion. Elle favorise un sentiment d'appréciation et de reconnaissance, ce qui permet à l'autre personne de se sentir valorisée et aimée. En pratiquant la gratitude dans nos relations, nous créons un environnement positif et stimulant qui favorise la confiance, la compréhension et le soutien mutuel.

En outre, la gratitude nous aide à nous concentrer sur les qualités et les actions positives des autres, plutôt que de nous attarder sur leurs défauts ou leurs lacunes. Ce changement de perspective nous permet d'aborder les conflits et les désaccords avec empathie et compréhension, ce qui favorise une communication et une résolution plus efficaces. La gratitude nous encourage également à exprimer notre appréciation et notre reconnaissance aux autres, ce qui peut avoir un impact profond sur leur bien-être et renforcer la relation.

La gratitude dans la vie professionnelle

Dans le domaine professionnel, la gratitude peut avoir un impact significatif sur l'intelligence de notre attitude et la réussite de notre carrière. Lorsque nous cultivons la gratitude sur le lieu de travail, nous créons un environnement positif et encourageant qui favorise la collaboration, le travail d'équipe et la productivité. Exprimer de la gratitude envers nos collègues, nos subordonnés et nos supérieurs stimule non seulement leur moral, mais améliore également notre propre satisfaction au travail et notre bien-être général.

La gratitude nous aide également à développer un état d'esprit de croissance, ce qui est essentiel pour la croissance et la réussite professionnelles. En appréciant les opportunités, les défis et les leçons qui se présentent à nous, nous pouvons aborder notre travail avec une attitude positive et ouverte. Cet état d'esprit nous permet de vivre de nouvelles expériences, de tirer les leçons des échecs et d'améliorer continuellement nos compétences et nos connaissances.

Gratitude et bien-être mental

La pratique de la gratitude a un impact profond sur notre bien-être mental. Elle nous aide à déplacer notre attention des pensées et émotions négatives vers des pensées et émotions positives, réduisant ainsi le stress, l'anxiété et la dépression. La gratitude favorise un sentiment de contentement et de satisfaction, nous permettant d'apprécier le moment présent et de trouver de la joie dans les plaisirs simples de la vie.

En outre, la gratitude renforce l'estime de soi et la confiance en soi. Lorsque nous reconnaissons et apprécions les bonnes choses de notre vie, nous développons une perception plus positive de nous-mêmes. Cette image positive de soi renforce notre confiance et nous donne les moyens de surmonter les difficultés et de poursuivre nos objectifs avec détermination et résilience.

Cultiver la gratitude

Cultiver la gratitude est une pratique qui demande un effort conscient et de la constance. Voici quelques stratégies pour intégrer la gratitude dans votre vie quotidienne :

1. **Tenez un journal de gratitude :** Notez chaque jour trois choses pour lesquelles vous êtes reconnaissant. Cette pratique vous aide à vous concentrer sur les aspects positifs de votre vie et renforce votre état d'esprit de gratitude.

2. **Exprimez votre gratitude aux autres :** Prenez le temps d'exprimer votre appréciation et votre gratitude aux personnes qui vous entourent. Il peut s'agir d'un simple mot de remerciement, d'une conversation sincère ou d'un petit geste de gentillesse.

3. **Pratiquer la pleine conscience :** Soyez présent au moment présent et prêtez attention à la beauté et aux bienfaits qui vous entourent. La pleine conscience vous aide à cultiver la gratitude en ramenant votre attention sur le présent et en favorisant un sentiment d'appréciation de l'ici et du maintenant.

4. **Comptez vos bénédictions :** Prenez un moment chaque jour pour réfléchir aux choses dont vous êtes reconnaissant. Cela peut être aussi simple qu'un toit au-dessus de votre tête, un repas chaud ou l'amour de votre famille et de vos amis.

En intégrant ces pratiques dans votre vie quotidienne, vous pouvez développer une habitude de gratitude et améliorer votre attitude et votre intelligence, ce qui vous permettra de mener une vie plus positive et plus épanouissante.

En conclusion, la gratitude et l'intelligence de l'attitude sont étroitement liées. Cultiver la gratitude nous permet de changer de perspective, d'améliorer notre attitude et de développer un état d'esprit positif. En pratiquant la gratitude dans nos relations personnelles, dans notre vie professionnelle, dans notre bien-être mental et dans divers autres aspects de notre vie, nous pouvons exploiter le pouvoir de la gratitude pour améliorer notre intelligence de l'attitude et mener une vie plus heureuse et plus épanouissante.

10.3 La pleine conscience et l'attitude

La pleine conscience est une pratique puissante qui peut grandement améliorer notre intelligence de l'attitude et avoir un impact positif sur tous les aspects de notre vie. Elle consiste à être pleinement présent dans l'instant, à prêter attention à nos pensées, à nos sentiments et à nos sensations sans porter de jugement. En cultivant la pleine conscience, nous pouvons développer une compréhension plus profonde de nos attitudes et de la manière dont elles influencent nos expériences.

Le lien entre la pleine conscience et l'attitude

La pleine conscience et l'attitude sont étroitement liées. Lorsque nous pratiquons la pleine conscience, nous devenons plus conscients de nos pensées et de nos émotions, ce qui nous permet d'observer nos attitudes de manière plus objective. Cette prise de conscience nous permet de reconnaître les attitudes négatives ou inutiles qui peuvent nous freiner et de les remplacer par des attitudes plus positives et constructives.

En pratiquant la pleine conscience, nous pouvons également développer une meilleure connaissance de soi. Nous devenons plus attentifs à nos propres schémas de pensée et de réaction, ce qui nous permet de choisir consciemment nos attitudes dans différentes situations. Cette conscience de soi nous permet de répondre aux défis et aux revers avec résilience et un état d'esprit positif.

La pleine conscience et l'attitude dans le bonheur personnel

L'un des principaux avantages de la pleine conscience est sa capacité à améliorer le bonheur personnel. Lorsque nous pratiquons la pleine conscience, nous devenons plus présents dans notre vie et apprécions les joies simples et la beauté qui nous entourent. Ce changement de perspective nous permet de cultiver une attitude positive à l'égard de la vie, en nous concentrant sur la gratitude et le contentement plutôt que sur la négativité ou l'insatisfaction.

La pleine conscience nous aide également à développer une attitude de non-jugement à l'égard de nous-mêmes et des autres. Au lieu de critiquer ou de comparer, nous apprenons à nous accepter et à accepter les autres tels qu'ils sont, ce qui favorise la compassion et l'empathie. Cette attitude d'acceptation et de bienveillance améliore non seulement nos relations, mais contribue également à notre bonheur et à notre bien-être général.

La pleine conscience et l'attitude dans les relations

La pleine conscience joue un rôle crucial dans la promotion de relations saines et épanouissantes. Lorsque nous pratiquons la pleine conscience, nous devenons plus présents et attentifs à nos proches. Nous écoutons plus profondément, communiquons plus efficacement et réagissons avec empathie et compréhension. Cette approche attentive des relations renforce les liens entre les individus et favorise une atmosphère positive et harmonieuse.

De plus, la pleine conscience nous aide à prendre conscience de nos propres attitudes et de leur impact sur nos interactions. Nous pouvons observer les attitudes négatives ou réactives qui peuvent apparaître lors de conflits ou de désaccords et choisir consciemment d'y répondre par une attitude plus positive et plus compatissante. Ce changement d'attitude peut transformer les conflits en opportunités de croissance et de compréhension.

La pleine conscience et l'attitude dans le développement personnel

Dans le domaine du développement personnel, la pleine conscience est un outil précieux pour améliorer l'intelligence de l'attitude. En pratiquant la pleine conscience, nous devenons plus conscients de nos croyances limitatives et de nos discours négatifs. Nous pouvons observer ces schémas sans les juger et choisir consciemment de les remplacer par des attitudes plus valorisantes et positives.

La pleine conscience nous aide également à développer un état d'esprit de croissance, qui est essentiel au développement personnel et à l'apprentissage. Avec un tel état d'esprit, nous relevons les défis, nous considérons les échecs comme des occasions d'apprendre et nous croyons en notre capacité à nous améliorer et à développer de nouvelles compétences. Cette attitude positive à l'égard du développement personnel nous permet de surmonter les obstacles et d'atteindre nos objectifs.

La pleine conscience et l'attitude dans la gestion du stress

Le stress fait inévitablement partie de la vie, mais notre attitude face au stress peut grandement influencer son impact sur notre bien-être. La pleine conscience nous offre un outil puissant pour gérer le stress en nous aidant à cultiver une attitude plus positive et plus résistante.

Lorsque nous pratiquons la pleine conscience, nous devenons plus conscients de nos déclencheurs de stress et de la manière dont ils nous affectent. Nous pouvons observer nos réactions et nos attitudes face au stress sans porter de jugement, ce qui nous permet de réagir de manière plus calme et posée. La pleine conscience nous aide également à développer un plus grand sens de la perspective, ce qui nous permet d'envisager les situations stressantes avec une attitude plus équilibrée et plus positive.

Cultiver la pleine conscience pour améliorer l'intelligence de l'attitude

Pour cultiver la pleine conscience et améliorer notre intelligence de l'attitude, nous pouvons intégrer diverses pratiques dans notre vie quotidienne :

1. **La méditation :** La pratique régulière de la méditation nous permet de développer la pleine conscience en concentrant notre attention sur le moment présent et en observant nos pensées et nos émotions.

2. **Respiration attentive :** prendre quelques instants dans la journée pour se concentrer sur sa respiration peut nous aider à nous ancrer dans le moment présent et à cultiver la pleine conscience.

3. **Balayage corporel :** La pratique du balayage corporel consiste à porter systématiquement son attention sur les différentes parties de son corps, ce qui favorise un sentiment de relaxation et de pleine conscience.

4. **Manger en pleine conscience :** L'attention portée au goût, à la texture et aux sensations de chaque bouchée pendant les repas peut nous aider à cultiver la pleine conscience et à développer une attitude plus positive à l'égard de la nourriture.

5. **Mouvement en pleine conscience :** La pratique d'activités telles que le yoga, le tai-chi ou la méditation marchée peut nous aider à cultiver la pleine conscience en portant notre attention sur les sensations physiques et les mouvements de notre corps.

En intégrant ces pratiques à nos habitudes quotidiennes, nous pouvons progressivement développer un plus grand sens de la pleine conscience et améliorer notre intelligence de l'attitude dans tous les aspects de notre vie.

Conclusion

La pleine conscience est une pratique transformatrice qui peut améliorer de manière significative notre intelligence de l'attitude. En cultivant la pleine conscience, nous devenons plus conscients de nos attitudes et de la manière dont elles influencent nos expériences. La pleine conscience nous aide à développer une attitude positive et compatissante envers nous-mêmes et les autres, ce qui favorise le bonheur personnel et des relations saines. Elle améliore également notre développement personnel, notre gestion du stress et notre bien-être général. En intégrant des pratiques de pleine conscience dans notre vie quotidienne, nous pouvons cultiver un sens plus profond de la pleine conscience et libérer le plein potentiel de notre intelligence de l'attitude.

10.4 Trouver la joie grâce à l'intelligence d'attitude

L'intelligence de l'attitude joue un rôle crucial dans la recherche de la joie et du bonheur dans tous les aspects de la vie. Notre attitude façonne notre perception, nos réactions et notre expérience globale du monde qui nous entoure. En cultivant une attitude positive et optimiste, nous pouvons améliorer notre capacité à trouver la joie et à créer une vie épanouie.

LE POUVOIR D'UNE ATTITUDE positive

Une attitude positive est un ingrédient clé pour trouver la joie et le bonheur. Elle nous permet d'aborder les défis de la vie avec résilience, optimisme et un état d'esprit orienté vers les solutions. Lorsque nous conservons une attitude positive, nous sommes mieux armés pour traverser les situations difficiles et trouver la joie même face à l'adversité.

Une attitude positive nous aide également à apprécier le moment présent et à trouver de la joie dans les plaisirs simples de la vie. Elle nous permet de nous concentrer sur les bonnes choses plutôt que de nous attarder sur les aspects négatifs. En adoptant un état d'esprit positif, nous pouvons changer notre perspective et trouver de la joie même dans les plus petites choses.

Cultiver la gratitude

La gratitude est un autre aspect essentiel de la recherche de la joie grâce à l'intelligence des attitudes. Lorsque nous pratiquons la gratitude, nous ne nous concentrons plus sur ce qui manque dans notre vie, mais sur ce que nous avons déjà. Elle nous aide à apprécier les bénédictions, petites ou grandes, et à trouver de la joie dans l'abondance qui nous entoure.

En intégrant la gratitude dans notre vie quotidienne, nous entraînons notre esprit à remarquer et à reconnaître les aspects positifs de nos expériences. Cette pratique nous aide à cultiver une attitude positive et à trouver la joie dans le moment présent. Qu'il s'agisse d'exprimer notre gratitude pour l'amour et le soutien de nos proches ou d'apprécier la beauté de la nature, la gratitude ouvre la voie à la joie et au bonheur.

Adopter la pleine conscience

La pleine conscience est une pratique qui consiste à être pleinement présent et conscient du moment présent, sans jugement. Elle consiste à prêter attention à nos pensées, à nos sentiments et à nos sensations de manière non réactive. En pratiquant la pleine conscience, nous pouvons cultiver un sentiment plus profond de joie et de satisfaction dans notre vie.

Lorsque nous sommes attentifs, nous sommes plus à l'écoute de la beauté et de l'émerveillement du moment présent. Nous pouvons nous engager pleinement dans nos expériences, qu'il s'agisse de savourer un délicieux repas, de faire une promenade dans la nature ou de passer du temps avec nos proches. En étant pleinement présent, nous pouvons trouver de la joie dans les plaisirs simples qui passent souvent inaperçus.

Choisir la joie

L'intelligence de l'attitude nous permet de choisir la joie dans chaque situation. Si nous ne pouvons pas contrôler les circonstances extérieures, nous avons le pouvoir de contrôler notre attitude et la manière dont nous y réagissons. En choisissant consciemment une attitude positive et joyeuse, nous pouvons transformer les situations les plus difficiles en opportunités de croissance et de bonheur.

Choisir la joie implique également de se défaire de la négativité et d'accepter le pardon. S'accrocher à la rancune et aux émotions négatives ne fait que nous alourdir et nous empêcher de connaître la vraie joie. En pratiquant le pardon, nous nous libérons du fardeau du ressentiment et créons un espace pour que la joie entre dans notre vie.

Trouver la joie dans les relations

L'intelligence de l'attitude joue également un rôle important dans nos relations. En cultivant une attitude positive, nous pouvons renforcer nos liens avec les autres et trouver de la joie dans les liens que nous partageons. Une attitude positive nous permet d'aborder les relations avec empathie, compassion et compréhension, ce qui favorise un sentiment de joie et d'épanouissement dans nos interactions.

Lorsque nous maintenons une attitude positive dans nos relations, nous pouvons apprécier les qualités et les contributions uniques des autres. Nous pouvons célébrer leurs succès, les soutenir dans les moments difficiles et trouver de la joie dans les expériences partagées et les souvenirs que nous créons ensemble.

Poursuivre ses passions et ses objectifs

L'intelligence de l'attitude nous encourage à poursuivre nos passions et à mener une vie conforme à notre objectif. Lorsque nous nous engageons dans des activités qui nous procurent de la joie et de l'épanouissement, nous améliorons notre bien-être général et notre sentiment de bonheur. En suivant nos passions, nous donnons un but et un sens à notre vie, ce qui nous apporte de la joie.

Lorsque nous abordons nos passions avec une attitude positive, nous pouvons surmonter les obstacles et les revers avec résilience et détermination. Nous pouvons trouver de la joie dans le processus de croissance et d'apprentissage, plutôt que de nous concentrer uniquement sur le résultat final. En poursuivant nos passions et en menant une vie orientée vers un but précis, nous créons des opportunités de joie et d'épanouissement.

Conclusion

L'intelligence de l'attitude est un outil puissant pour trouver la joie et le bonheur dans tous les aspects de la vie. En cultivant une attitude positive, en pratiquant la gratitude, en adoptant la pleine conscience et en choisissant la joie, nous pouvons améliorer notre bien-être général et créer une vie remplie de joie et d'épanouissement. Grâce à notre attitude, nous avons le pouvoir de façonner nos expériences et de trouver la joie, même dans les moments les plus simples. Alors, embrassons le pouvoir de l'intelligence de l'attitude et embarquons pour un voyage de joie et de bonheur.

Chapitre 11

L'intelligence de l'attitude pour surmonter les défis

11.1 Attitude et résilience

La résilience est la capacité à rebondir face à l'adversité, à s'adapter et à se remettre rapidement de situations difficiles. Il s'agit d'un trait de caractère essentiel qui peut avoir un impact considérable sur notre capacité à surmonter les défis et à réussir dans divers aspects de la vie. L'intelligence de l'attitude joue un rôle important dans le développement et le maintien de la résilience.

L'attitude et la résilience sont étroitement liées. Notre attitude, c'est-à-dire la manière dont nous pensons et percevons les situations, influence grandement la façon dont nous réagissons à l'adversité. Une attitude positive peut nous aider à considérer les défis comme des opportunités de croissance et d'apprentissage, tandis qu'une attitude négative peut entraver notre capacité à rebondir et à trouver des solutions.

L'un des principaux aspects de l'intelligence de l'attitude est la capacité à maintenir un état d'esprit positif face à l'adversité. Il s'agit de cultiver la confiance en ses propres capacités et en ses points forts, ainsi qu'en sa capacité à surmonter les obstacles. Une attitude positive nous permet d'aborder les défis avec optimisme et détermination, ce qui renforce notre résilience.

Lorsqu'elles sont confrontées à des revers ou à des échecs, les personnes ayant une attitude intelligente sont plus susceptibles de les considérer comme temporaires et spécifiques à la situation, plutôt que comme un reflet de leurs capacités générales ou de leur valeur. Elles comprennent que les revers font naturellement partie de la vie et les considèrent comme des opportunités de croissance et d'amélioration personnelle. Cet état d'esprit leur permet de rebondir rapidement et de trouver des solutions alternatives pour surmonter les obstacles.

L'intelligence de l'attitude implique également le développement de la résilience émotionnelle. Il s'agit de la capacité à gérer et à réguler efficacement nos émotions, en particulier dans les moments difficiles. Les personnes résilientes sur le plan émotionnel sont mieux équipées pour gérer le stress, la déception et la frustration sans se laisser submerger ou abandonner. Elles sont capables de conserver une attitude positive et de se concentrer sur la recherche de solutions plutôt que de s'attarder sur des émotions négatives.

En outre, l'intelligence de l'attitude nous aide à développer un état d'esprit flexible. Elle nous permet de nous adapter à des circonstances changeantes et de relever de nouveaux défis avec un esprit ouvert. Les personnes résilientes comprennent que la vie est pleine d'incertitudes et que la capacité à s'adapter et à s'ajuster est cruciale pour réussir. Elles sont prêtes à sortir de leur zone de confort, à prendre des risques et à explorer de nouvelles possibilités.

L'intelligence de l'attitude joue également un rôle essentiel dans la résolution des problèmes. Les personnes résilientes abordent les problèmes avec une attitude positive et la conviction qu'elles ont la capacité de trouver des solutions. Elles ne se laissent pas facilement décourager par les revers ou les obstacles, mais les considèrent au contraire comme des occasions de faire preuve de créativité et de trouver des solutions novatrices. Leur attitude positive alimente leur détermination et leur persévérance, ce qui leur permet de relever les défis les plus difficiles.

En outre, l'intelligence de l'attitude nous aide à développer un état d'esprit de croissance. Cet état d'esprit se caractérise par la conviction que nos capacités et notre intelligence peuvent être développées grâce au dévouement et au travail. Les personnes qui ont un état d'esprit de croissance considèrent les échecs et les revers comme des occasions d'apprendre et de s'améliorer. Elles relèvent les défis et les considèrent comme des tremplins vers le développement personnel et professionnel. Cet état d'esprit renforce la résilience en favorisant la croyance en notre capacité à apprendre de nos erreurs et à nous adapter à de nouvelles situations.

L'intelligence de l'attitude nous permet également de construire un réseau de soutien solide. Les personnes résilientes comprennent l'importance de s'entourer de personnes positives et encourageantes. Elles recherchent des personnes qui les inspirent et les motivent, et qui peuvent les guider et les encourager dans les moments difficiles. La mise en place d'un réseau de soutien solide nous aide à conserver une attitude positive et nous apporte le soutien émotionnel nécessaire pour rebondir face à l'adversité.

En conclusion, l'intelligence de l'attitude joue un rôle crucial dans le développement et le maintien de la résilience. Une attitude positive, la résilience émotionnelle, la flexibilité, les compétences en matière de résolution de problèmes et l'état d'esprit de croissance sont autant de composantes clés de l'intelligence de l'attitude qui contribuent à notre capacité à surmonter les défis et à rebondir face à l'adversité. En cultivant l'intelligence de l'attitude, nous pouvons améliorer notre résilience et traverser les hauts et les bas de la vie avec force et détermination.

11.2 ATTITUDE POSITIVE dans les moments d'adversité

Dans la vie, nous sommes tous confrontés à des défis et à des adversités. Qu'il s'agisse d'un revers personnel, d'un obstacle professionnel ou d'une crise mondiale, l'adversité fait inévitablement partie de l'expérience humaine. Toutefois, ce qui distingue les individus, c'est leur capacité à conserver une attitude positive face à l'adversité. C'est là que l'intelligence de l'attitude joue un rôle crucial.

L'attitude positive dans l'adversité ne consiste pas à nier ou à ignorer les difficultés que nous rencontrons. Il s'agit d'aborder les défis avec résilience, optimisme et un état d'esprit de croissance. Il s'agit de trouver le bon côté des choses, d'apprendre des revers et de les utiliser comme tremplins pour le développement et l'épanouissement personnel.

Le pouvoir de l'attitude positive

Une attitude positive est un outil puissant qui peut nous aider à traverser les périodes les plus difficiles. Elle nous permet de conserver un sentiment d'espoir, d'optimisme et de détermination, même lorsque les chances sont contre nous. Des recherches ont montré que les personnes ayant une attitude positive sont plus susceptibles de surmonter les obstacles, de se relever après un échec et de réussir dans divers domaines de la vie.

Face à l'adversité, une attitude positive peut nous aider de plusieurs façons :

1. **Résilience émotionnelle :** Une attitude positive nous aide à renforcer notre résilience émotionnelle, ce qui nous permet de faire face plus efficacement au stress, à l'anxiété et aux émotions négatives. Elle nous permet de conserver un sentiment de calme et de sang-froid, même face à des circonstances difficiles.

2. **Résolution de problèmes :** Une attitude positive améliore notre capacité à résoudre les problèmes. Elle nous aide à aborder les problèmes avec un état d'esprit proactif, en cherchant des solutions plutôt qu'en s'attardant sur les difficultés. Avec une attitude positive, nous sommes plus susceptibles de trouver des solutions créatives et innovantes pour surmonter les obstacles.

3. **Motivation et persévérance :** L'adversité peut souvent conduire à des sentiments de démotivation et d'abandon. Cependant, une attitude positive alimente notre motivation et notre persévérance. Elle nous aide à rester concentrés sur nos objectifs, à conserver un but et à continuer à aller de l'avant, même dans les moments difficiles.

4. **Amélioration des relations :** Une attitude positive n'est pas seulement bénéfique pour chacun d'entre nous, elle a aussi un impact positif sur nos relations. Lorsque nous abordons l'adversité avec un état d'esprit positif, nous sommes plus enclins à rechercher du soutien, à collaborer avec d'autres personnes et à établir des liens plus solides. Ce système de soutien peut nous apporter les encouragements et l'aide dont nous avons besoin pour surmonter les difficultés.

Cultiver une attitude positive dans les moments d'adversité

S'il n'est pas toujours facile de conserver une attitude positive dans l'adversité, c'est une compétence qui peut être développée et renforcée avec de l'entraînement. Voici quelques stratégies pour cultiver une attitude positive :

1. **Pratiquer la gratitude :** Exprimer de la gratitude pour ce que nous avons, même dans les moments difficiles, peut nous faire passer de ce qui va mal à ce qui va bien. Prenez quelques instants chaque jour pour réfléchir aux choses dont vous êtes reconnaissant, même si elles vous paraissent insignifiantes.

2. **Recadrer les pensées négatives :** Remettez en question les pensées négatives et remplacez-les par des pensées plus positives et plus valorisantes. Au lieu de vous attarder sur ce qui n'a pas fonctionné, concentrez-vous sur ce que vous pouvez apprendre de la situation et sur la manière dont elle peut contribuer à votre développement personnel.

3. **Cherchez du soutien :** Entourez-vous de personnes positives et encourageantes qui peuvent vous soutenir dans les moments difficiles. Partagez vos pensées et vos sentiments avec des amis de confiance, des membres de votre famille ou des mentors qui peuvent vous guider et vous encourager.

4. **Prenez soin de vous :** Prendre soin de son bien-être physique, mental et émotionnel est essentiel pour conserver une attitude positive. Participez à des activités qui vous apportent de la joie, pratiquez la pleine conscience ou la méditation, faites de l'exercice régulièrement et veillez à vous reposer et à vous détendre suffisamment.

5. **Fixez des objectifs réalistes :** Décomposez vos défis en objectifs plus petits et plus faciles à gérer. Célébrez chaque petite victoire en cours de route, car elle renforcera votre confiance et votre attitude positive.

6. **Tirez les leçons de l'adversité :** Considérez l'adversité comme une opportunité de croissance et d'apprentissage. Réfléchissez aux leçons que vous pouvez tirer de cette expérience et à la façon dont elle peut vous rendre plus fort et plus résistant.

7. **Pratiquer un dialogue positif avec soi-même :** Soyez attentif à votre dialogue intérieur et remplacez les pensées autocritiques par des affirmations positives. Rappelez-vous vos forces, vos capacités et vos succès passés.

N'oubliez pas que maintenir une attitude positive dans l'adversité ne consiste pas à nier les difficultés ou à prétendre que tout va bien. Il s'agit de reconnaître les défis, de les accepter et de choisir d'y répondre d'une manière qui vous rende plus fort et plus fort. En cultivant une attitude positive, vous pouvez traverser l'adversité avec grâce, résilience et un sens renouvelé de l'objectif.

11.3 Attitude et résolution de problèmes

La résolution de problèmes est une compétence essentielle dont nous avons tous besoin dans notre vie. Qu'il s'agisse de relever des défis personnels, de surmonter des obstacles professionnels ou de trouver des solutions à des problèmes complexes, la bonne attitude peut avoir un impact considérable sur nos capacités de résolution de problèmes. L'intelligence de l'attitude joue un rôle crucial dans la manière dont nous abordons et traitons les problèmes, ce qui nous permet de trouver des solutions efficaces et innovantes. Dans cette section, nous examinerons le lien entre l'attitude et la résolution de problèmes et la manière dont une attitude positive peut améliorer nos compétences en matière de résolution de problèmes.

Le pouvoir d'une attitude positive dans la résolution de problèmes

L'attitude est un état d'esprit qui façonne nos pensées, nos émotions et nos actions. En matière de résolution de problèmes, une attitude positive peut faire une différence significative dans notre capacité à trouver des solutions. Une attitude positive nous permet d'aborder les problèmes avec optimisme, résilience et confiance en notre capacité à surmonter les difficultés. Elle nous permet de considérer les revers comme des opportunités de croissance et d'apprentissage, plutôt que comme des obstacles insurmontables.

Une attitude positive nous aide également à maintenir un état d'esprit orienté vers la recherche de solutions. Au lieu de nous attarder sur le problème lui-même, nous nous efforçons de trouver des moyens de le résoudre. Cet état d'esprit encourage la créativité, la flexibilité et l'ouverture d'esprit, ce qui nous permet d'explorer différentes perspectives et d'envisager des approches non conventionnelles. Avec une attitude positive, nous sommes plus susceptibles de persévérer malgré les difficultés, de nous adapter à des circonstances changeantes et de trouver des solutions innovantes.

Développer une attitude pour une résolution efficace des problèmes

Cultiver une attitude propice à la résolution efficace des problèmes nécessite une prise de conscience de soi, un changement d'état d'esprit et une pratique intentionnelle. Voici quelques stratégies pour développer une attitude qui améliore les compétences en matière de résolution de problèmes :

1. Adopter un état d'esprit de croissance

L'état d'esprit de croissance est la conviction que nos capacités et notre intelligence peuvent être développées grâce au dévouement et à un travail acharné. Adopter un état d'esprit de croissance nous permet de considérer les défis comme des opportunités de croissance et d'apprentissage. Au lieu d'être découragés par les échecs, nous les considérons comme des tremplins vers l'amélioration. En adoptant un état d'esprit de croissance, nous devenons plus résilients, plus adaptables et plus ouverts aux nouvelles idées, autant d'éléments essentiels à une résolution efficace des problèmes.

2. Favoriser une attitude orientée vers les solutions

Une attitude orientée vers les solutions consiste à trouver des réponses plutôt qu'à s'attarder sur les problèmes. Elle consiste à considérer les défis comme des opportunités et à rechercher activement des solutions. Pour favoriser une attitude orientée vers les solutions, il faut s'entraîner à transformer les pensées négatives en pensées positives.

Au lieu de dire "Ce problème est impossible à résoudre", changez d'état d'esprit pour dire "Il doit y avoir une solution et je vais la trouver". En entraînant votre esprit à se concentrer sur les solutions, vous deviendrez plus proactif et plus ingénieux dans votre approche de la résolution des problèmes.

3. Cultiver la résilience et la persévérance

La résilience est la capacité à rebondir après un échec et à conserver une attitude positive face à l'adversité. Il s'agit d'un trait de caractère essentiel pour une résolution efficace des problèmes. Cultivez la résilience en développant des mécanismes d'adaptation, par exemple en prenant soin de vous, en recherchant le soutien des autres et en considérant les échecs comme des opportunités d'apprentissage. En développant la résilience, vous serez mieux équipé pour relever les défis, rester motivé et persévérer dans la recherche de solutions.

4. Pratiquer la pensée créative et critique

La pensée créative et la pensée critique sont des compétences essentielles pour une résolution efficace des problèmes. La pensée créative consiste à générer de nouvelles idées, à explorer des perspectives différentes et à sortir des sentiers battus. La pensée critique, quant à elle, consiste à analyser les informations, à évaluer les options et à prendre des décisions en connaissance de cause. Pour améliorer ces compétences, engagez-vous dans des activités qui stimulent votre créativité, comme les séances de brainstorming, la cartographie mentale ou la recherche de points de vue différents. En outre, entraînez-vous à analyser les problèmes sous différents angles, à envisager les conséquences potentielles et à peser le pour et le contre de diverses solutions.

5. Garder une attitude positive et optimiste

Une vision positive et optimiste est un élément clé de l'intelligence de l'attitude dans la résolution de problèmes. Elle nous aide à maintenir notre motivation, notre résilience et notre confiance en notre capacité à trouver des solutions. Pour cultiver une attitude positive, pratiquez la gratitude, concentrez-vous sur les aspects positifs de chaque situation et entourez-vous d'influences positives. Participez à des activités qui améliorent votre humeur, comme l'exercice, le temps passé dans la nature ou la pratique de la pleine conscience. En cultivant un état d'esprit positif, vous aborderez les problèmes avec une attitude positive et une foi inébranlable en votre capacité à surmonter les difficultés.

Appliquer l'intelligence de l'attitude à la résolution de problèmes

Une fois que vous avez développé une attitude qui favorise une résolution efficace des problèmes, il est important de l'appliquer dans des situations pratiques. Voici quelques conseils pour appliquer l'intelligence de l'attitude à la résolution de problèmes :

1. Définir clairement le problème

Avant de vous lancer dans la recherche de solutions, prenez le temps de définir clairement le problème. Comprenez la cause profonde, identifiez le résultat souhaité et décomposez le problème en éléments plus petits et plus faciles à gérer. En définissant clairement le problème, vous serez en mesure de l'aborder avec un état d'esprit ciblé et stratégique.

2. Générer plusieurs solutions

Évitez de vous contenter de la première solution qui vous vient à l'esprit. Au contraire, générez des solutions multiples en organisant des séances de remue-méninges et en tenant compte de différentes perspectives. Encouragez la créativité et sortez des sentiers battus. Rappelez-vous qu'il y a souvent plus d'une façon de résoudre un problème et que l'exploration de diverses options peut déboucher sur des solutions innovantes et efficaces.

3. Évaluer et sélectionner la meilleure solution

Une fois que vous avez dressé une liste de solutions potentielles, évaluez chacune d'entre elles en fonction de sa faisabilité, de ses résultats potentiels et de son adéquation avec vos objectifs. Examinez les avantages et les inconvénients de chaque solution et choisissez celle qui répond le mieux au problème tout en s'alignant sur vos valeurs et vos priorités.

4. Passez à l'action et adaptez-vous si nécessaire

Mettez en œuvre la solution choisie et passez à l'action. Soyez prêt à vous adapter et à faire des ajustements en cours de route. La résolution de problèmes est rarement un processus linéaire et des défis imprévus peuvent surgir. Gardez un état d'esprit flexible et soyez prêt à modifier votre approche si nécessaire.

5. Tirer des enseignements du processus

Quel que soit le résultat, considérez la résolution de problèmes comme une opportunité d'apprentissage. Réfléchissez au processus, identifiez les leçons apprises et appliquez-les aux futures situations de résolution de problèmes. L'apprentissage et l'amélioration continus sont essentiels pour développer des compétences efficaces en matière de résolution de problèmes.

En combinant l'intelligence de l'attitude avec des techniques de résolution de problèmes, vous pouvez aborder les défis avec confiance, créativité et résilience. N'oubliez pas que l'attitude n'est pas seulement un état d'esprit passif ; c'est un choix actif qui peut vous permettre de surmonter les obstacles et de trouver des solutions. Adoptez une attitude positive, cultivez les compétences nécessaires et appliquez-les systématiquement dans vos efforts de résolution de problèmes.

11.4 VAINCRE LA PEUR grâce à l'intelligence de l'attitude

La peur est une émotion humaine naturelle qui peut souvent nous empêcher de réaliser notre plein potentiel. Elle peut se manifester sous diverses formes, telles que la peur de l'échec, la peur du rejet ou la peur de l'inconnu. Cependant, avec un bon état d'esprit et une bonne intelligence de l'attitude, nous pouvons apprendre à surmonter nos peurs et vivre une vie plus épanouie.

L'intelligence de l'attitude joue un rôle crucial dans la lutte contre la peur. Elle implique le développement d'un état d'esprit positif et résilient qui nous permet de faire face à nos peurs et d'agir malgré l'inconfort. En cultivant la bonne attitude, nous pouvons transformer la peur en une opportunité de croissance et de développement personnel.

Comprendre la peur

Avant de pouvoir surmonter la peur, il est essentiel d'en comprendre les causes et les effets sous-jacents. La peur découle souvent de notre perception de menaces potentielles ou de résultats négatifs. Il s'agit d'une réaction naturelle destinée à nous protéger du danger. Cependant, la peur peut devenir irrationnelle et limiter notre capacité à prendre des risques ou à poursuivre nos objectifs.

La peur peut se manifester de différentes manières, notamment par des symptômes physiques (cœur qui s'emballe, paumes moites), une détresse émotionnelle (anxiété, panique) ou des comportements d'évitement (procrastination, repli sur soi). Elle peut nous empêcher d'essayer de nouvelles choses, de poursuivre nos passions ou de prendre les mesures nécessaires à notre développement personnel.

Le rôle de l'intelligence de l'attitude

L'intelligence de l'attitude nous permet de recadrer notre perception de la peur et de l'aborder avec un état d'esprit positif. Elle implique le développement de la conscience de soi, de la résilience émotionnelle et d'une attitude orientée vers la croissance. En cultivant ces qualités, nous pouvons transformer la peur, qui est une force paralysante, en un catalyseur de croissance personnelle et de réussite.

1. **La conscience de soi :** Le développement de la conscience de soi est la première étape pour surmonter la peur. En comprenant nos peurs et leurs causes sous-jacentes, nous pouvons mieux comprendre comment elles affectent nos pensées, nos émotions et nos comportements. La connaissance de soi nous permet d'identifier les croyances limitantes et les schémas de pensée négatifs qui contribuent à nos peurs.

2. **Résilience émotionnelle :** Le développement de la résilience émotionnelle est essentiel pour gérer la peur. Il s'agit de développer la capacité à réguler nos émotions et à rebondir après un échec. Grâce à la résilience émotionnelle, nous pouvons reconnaître nos peurs sans les laisser contrôler nos actions. Nous pouvons apprendre à tolérer l'inconfort et l'incertitude, qui sont souvent associés à la peur.

3. **Une attitude axée sur la croissance :** Adopter une attitude orientée vers la croissance est essentiel pour surmonter la peur. Cela implique de relever les défis, de considérer les échecs comme des opportunités d'apprentissage et de croire en notre capacité à grandir et à nous adapter. Avec un état d'esprit de croissance, nous pouvons recadrer la peur comme une partie nécessaire du voyage vers le développement personnel et le succès.

Stratégies pour surmonter la peur

Vaincre la peur nécessite des efforts constants et de la pratique. Voici quelques stratégies qui peuvent vous aider à développer votre intelligence de l'attitude et à vaincre vos peurs :

1. **Identifier et remettre en question les croyances limitantes :** Commencez par identifier les croyances limitantes qui contribuent à vos peurs. Demandez-vous si ces croyances sont fondées sur des faits ou si elles vous empêchent d'atteindre vos objectifs. Remettez ces croyances en question en rassemblant des preuves à l'appui d'autres perspectives et en adoptant des croyances plus fortes.

2. **Avancez à petits pas :** Décomposez vos peurs en étapes plus petites et plus faciles à gérer. En prenant de petites mesures pour atteindre vos objectifs, vous pouvez progressivement gagner en confiance et réduire l'intensité de vos craintes. Célébrez chaque petite victoire en cours de route, car elle renforcera votre confiance en votre capacité à surmonter les difficultés.

3. **Pratiquez la pleine conscience :** La pleine conscience peut vous aider à prendre conscience de vos peurs et de vos émotions sans porter de jugement. En observant vos pensées et vos sentiments sans vous y attacher, vous pouvez créer un espace pour une pensée plus rationnelle et constructive. La pleine conscience vous aide également à rester présent et concentré, ce qui réduit l'influence des craintes orientées vers l'avenir.

4. **Cherchez du soutien :** Entourez-vous d'un réseau de soutien composé d'amis, de membres de la famille ou de mentors qui peuvent vous encourager et vous guider. Partagez vos craintes avec des personnes de confiance qui peuvent vous offrir une nouvelle perspective et vous aider à rester responsable de vos objectifs. Rappelez-vous que vous n'avez pas à affronter vos peurs seules.

5. **Visualisez le succès :** Utilisez le pouvoir de la visualisation pour vous imaginer en train de surmonter vos peurs. Visualisez les résultats positifs et les sentiments d'accomplissement qui découlent de la conquête de vos peurs. Cette technique peut aider à reconnecter votre cerveau pour qu'il associe des émotions positives aux actions que vous craignez.

6. **Célébrez vos progrès :** Reconnaissez et célébrez vos progrès, même s'ils sont minimes. Reconnaissez le courage qu'il vous faut pour affronter vos peurs et passer à l'action. En célébrant vos réussites, vous renforcez la conviction que vous êtes capable de surmonter tous les obstacles qui se présentent à vous.

Adopter une attitude sans peur

Vaincre la peur est un voyage de toute une vie qui exige des efforts continus et de l'introspection. L'intelligence de l'attitude nous fournit les outils et l'état d'esprit nécessaires pour faire face à nos peurs et vivre une vie libérée des limites imposées par la peur. En cultivant la conscience de soi, la résilience émotionnelle et une attitude orientée vers la croissance, nous pouvons transformer la peur en une opportunité de développement personnel, de réussite et d'épanouissement.

N'oubliez pas que la peur n'est pas une chose à éliminer complètement, mais plutôt à comprendre et à gérer. En adoptant la bonne attitude, vous pouvez exploiter le pouvoir de la peur et l'utiliser comme une force motrice pour atteindre vos objectifs et vivre une vie qui a un but et un sens. Adoptez une attitude sans peur et voyez votre potentiel se déployer devant vous.

Chapitre 12
Conclusion

12.1 Appliquer l'intelligence d'attitude dans la vie quotidienne

L'intelligence de l'attitude ne se limite pas à des domaines spécifiques de la vie ; elle imprègne tous les aspects de notre existence. Il s'agit d'un état d'esprit et d'un ensemble de compétences qui peuvent être appliqués pour améliorer nos expériences et nos interactions dans tous les domaines de la vie. En cultivant l'intelligence d'attitude, nous pouvons relever des défis, nouer des relations fructueuses, nous épanouir et trouver la plénitude dans notre vie de tous les jours.

L'intelligence de l'attitude dans les relations personnelles

Notre attitude joue un rôle crucial dans l'élaboration de nos relations personnelles. En appliquant l'intelligence de l'attitude, nous pouvons favoriser des relations saines et significatives avec les autres. Cela commence par la compréhension de l'impact de notre attitude sur la communication. Prendre conscience de notre ton, de notre langage corporel et de notre choix de mots peut influencer de manière significative la façon dont notre message est reçu.

L'intelligence de l'attitude nous aide également à construire et à maintenir des relations saines. En abordant les interactions avec empathie, respect et compréhension, nous pouvons créer un environnement positif qui favorise la confiance et le soutien mutuel. Lorsque des conflits surviennent, l'intelligence d'attitude nous permet de les aborder avec un état d'esprit orienté vers les solutions, en cherchant des solutions qui profitent à toutes les parties concernées.

L'intelligence d'attitude dans la vie professionnelle

Dans le domaine professionnel, l'intelligence de l'attitude est un facteur clé de la réussite professionnelle. Les employeurs apprécient les personnes qui font preuve d'une attitude positive, car cela contribue à un environnement de travail productif et harmonieux. En développant une attitude positive au travail, nous pouvons améliorer nos performances, augmenter nos chances de promotion et établir des relations professionnelles solides.

Le leadership et l'intelligence de l'attitude vont de pair. Les dirigeants efficaces comprennent l'impact de leur attitude sur le moral et la productivité de leur équipe. En cultivant une attitude positive et inspirante, les dirigeants peuvent motiver les membres de leur équipe, favoriser un sentiment d'appartenance et créer un environnement propice à la croissance et à l'innovation.

La gestion du stress et le maintien d'une attitude positive sur le lieu de travail constituent un autre aspect crucial de l'intelligence de l'attitude. En développant la résilience et en adoptant un état d'esprit positif, nous pouvons surmonter les défis et les revers avec grâce et détermination. Cela ne profite pas seulement à notre propre bien-être, mais influence aussi positivement l'atmosphère de travail dans son ensemble.

L'intelligence de l'attitude joue également un rôle essentiel dans le développement professionnel. En adoptant un état d'esprit d'apprentissage continu et en recherchant des occasions de se perfectionner, nous pouvons élargir nos connaissances et nos compétences, ce qui ouvre la voie à de nouvelles possibilités et à une progression dans nos carrières. En outre, le maintien d'un bon équilibre entre vie professionnelle et vie privée est essentiel au bien-être général, et l'intelligence d'attitude nous aide à établir des priorités et à gérer notre temps de manière efficace.

L'intelligence de l'attitude dans la santé et le bien-être

Notre attitude a un impact profond sur notre santé physique et mentale. L'intelligence de l'attitude nous permet de cultiver un état d'esprit positif qui favorise le bien-être général. En adoptant une attitude positive à l'égard de notre santé physique, nous pouvons faire des choix de vie plus sains, comme faire de l'exercice régulièrement, manger des aliments nutritifs et se reposer suffisamment. Cette attitude positive à l'égard de notre bien-être physique peut se traduire par une augmentation des niveaux d'énergie, une amélioration de la fonction immunitaire et une réduction du risque de maladies chroniques.

Le bien-être mental est tout aussi important, et l'intelligence de l'attitude joue également un rôle significatif à cet égard. En adoptant une attitude positive, nous pouvons cultiver la résilience, gérer le stress de manière efficace et relever les défis plus efficacement. Une attitude positive renforce également notre intelligence émotionnelle, ce qui nous permet de réguler nos émotions, de nouer des relations plus solides et de connaître un bonheur et un épanouissement accrus.

L'intelligence de l'attitude dans le développement personnel

L'intelligence de l'attitude est un outil puissant de développement personnel. En adoptant une attitude positive, nous pouvons renforcer notre confiance en nous et en nos capacités. Cette assurance nous permet de fixer et d'atteindre des objectifs significatifs, de surmonter les obstacles et d'opter pour l'apprentissage continu.

L'intelligence de l'attitude nous aide à développer un état d'esprit de croissance, ce qui est essentiel pour le développement personnel. En considérant les défis comme des opportunités de croissance et d'apprentissage, nous pouvons les aborder avec une attitude positive et un état d'esprit orienté vers la recherche de solutions. Cet état d'esprit nous permet de persévérer face à l'adversité, d'apprendre de nos erreurs et de nous améliorer en permanence.

L'intelligence de l'attitude dans la réussite financière

L'intelligence de l'attitude joue également un rôle important dans la réussite financière. Notre attitude à l'égard de l'argent et notre mentalité financière influencent grandement nos décisions et nos comportements financiers. En cultivant une attitude positive à l'égard de l'argent, nous pouvons développer des habitudes financières saines, telles que l'établissement d'un budget, l'épargne et l'investissement judicieux.

Une attitude positive à l'égard de la richesse et de l'abondance nous permet d'attirer les opportunités et de prendre des risques calculés qui peuvent conduire à une croissance financière. L'intelligence de l'attitude nous aide à prendre des décisions financières éclairées en tenant compte des objectifs à long terme, en gérant les risques et en évitant les comportements impulsifs.

L'intelligence d'attitude dans l'éducation

L'intelligence d'attitude est étroitement liée à la réussite scolaire et à l'apprentissage tout au long de la vie. En adoptant une attitude positive à l'égard de l'apprentissage, nous pouvons renforcer notre motivation, notre concentration et notre persévérance. Cette attitude positive nous permet de relever des défis, de rechercher des connaissances et de développer un amour de l'apprentissage.

L'intelligence de l'attitude nous aide également à développer un état d'esprit de croissance dans l'éducation. En croyant en notre capacité à apprendre et à nous améliorer, nous pouvons surmonter nos doutes et nous engager dans l'apprentissage continu. Cet état d'esprit nous permet d'aborder de nouvelles matières et compétences avec enthousiasme et résilience, ce qui se traduit par de meilleurs résultats scolaires.

L'intelligence de l'attitude dans l'éducation des enfants

L'intelligence de l'attitude est inestimable dans l'éducation des enfants. En cultivant une attitude positive, les parents peuvent créer un environnement stimulant et favorable pour leurs enfants. L'intelligence de l'attitude aide les parents à construire des relations parents-enfants solides, fondées sur l'empathie, le respect et une communication efficace.

Les techniques de discipline positive, guidées par l'intelligence d'attitude, permettent aux parents d'enseigner à leurs enfants des valeurs importantes et des compétences de vie tout en favorisant leur bien-être émotionnel. L'intelligence d'attitude aide également les parents à enseigner la résilience à leurs enfants, ce qui leur permet de faire face aux défis, de surmonter les obstacles et de développer un état d'esprit positif.

L'intelligence d'attitude dans les interactions sociales

L'intelligence de l'attitude joue un rôle crucial dans nos interactions sociales. En adoptant une attitude positive, nous pouvons établir avec les autres des liens fondés sur l'empathie, la compréhension et le respect. L'intelligence de l'attitude nous aide à apprécier et à embrasser la diversité culturelle, ce qui favorise l'inclusion et l'harmonie dans la société.

En promouvant une attitude positive dans nos interactions sociales, nous pouvons inciter les autres à adopter un état d'esprit similaire. L'intelligence d'attitude nous permet de montrer l'exemple, de répandre la positivité et de créer un effet d'entraînement de la gentillesse et de la compassion dans nos communautés.

L'intelligence de l'attitude et le bonheur personnel

L'intelligence de l'attitude est étroitement liée au bonheur personnel. En adoptant une attitude positive, nous pouvons cultiver la gratitude, la pleine conscience et un sentiment de joie dans notre vie quotidienne. L'intelligence de l'attitude nous aide à apprécier le moment présent, à trouver la beauté dans les plaisirs simples et à conserver une attitude positive même dans les moments difficiles.

En appliquant l'intelligence de l'attitude, nous pouvons surmonter les obstacles, développer la résilience et aborder la vie avec un état d'esprit orienté vers les solutions. Cette attitude positive nous permet de trouver le bonheur et l'épanouissement dans nos relations, notre carrière, notre développement personnel et notre bien-être général.

Conclusion

L'application de l'intelligence de l'attitude dans la vie quotidienne est une pratique transformatrice qui peut améliorer tous les aspects de notre existence. En cultivant une attitude positive, nous pouvons relever des défis, nouer des relations fructueuses, nous épanouir et trouver le bonheur et l'accomplissement. L'intelligence de l'attitude est un voyage qui dure toute la vie et qui nécessite une prise de conscience de soi, un apprentissage continu et un engagement en faveur du développement personnel. En adoptant l'intelligence d'attitude, non seulement nous améliorons notre propre vie, mais nous inspirons et influençons positivement ceux qui nous entourent. L'avenir de l'intelligence d'attitude recèle le potentiel d'un monde plus compatissant, plus résilient et plus harmonieux.

12.2 Poursuivre le chemin du développement des attitudes

L'intelligence de l'attitude n'est pas une destination ; c'est un parcours de croissance et de développement personnel qui dure toute la vie. Une fois que vous avez commencé à cultiver une attitude positive et à exploiter le pouvoir de l'intelligence de l'attitude, il est essentiel de continuer à la nourrir et à l'affiner dans tous les aspects de votre vie. Dans cette section, nous allons voir comment vous pouvez poursuivre votre voyage de développement de l'attitude et l'appliquer à divers domaines de votre vie.

Adopter un état d'esprit de croissance

L'un des éléments clés de l'intelligence de l'attitude est l'adoption d'un état d'esprit de croissance. Cet état d'esprit se caractérise par la conviction que vos capacités et votre intelligence peuvent être développées grâce au dévouement, à l'effort et à la volonté d'apprendre des échecs et des revers. En adoptant un état d'esprit de croissance, vous vous ouvrez à des possibilités infinies de développement personnel et professionnel.

Pour continuer à développer votre attitude, il est essentiel de vous remettre constamment en question et de rechercher des opportunités d'apprentissage et d'amélioration personnelle. Il peut s'agir d'accepter de nouveaux projets au travail, de poursuivre des études ou d'obtenir des certifications, ou encore de s'adonner à des passe-temps et à des activités qui vous permettent d'élargir vos connaissances et vos compétences. En recherchant activement des opportunités de développement, vous améliorez non seulement votre intelligence comportementale, mais vous augmentez également vos chances de réussite et d'épanouissement dans tous les domaines de votre vie.

CULTIVER LA CONSCIENCE de soi

La conscience de soi est un aspect fondamental de l'intelligence de l'attitude. Elle implique de comprendre ses propres pensées, émotions et comportements, ainsi que leur impact sur soi-même et sur les autres. En cultivant la conscience de soi, vous pouvez identifier les attitudes négatives ou les croyances limitatives qui vous freinent et vous efforcer de les remplacer par des attitudes plus positives et plus autonomes.

La poursuite de l'évolution des attitudes nécessite une réflexion et une introspection régulières. Prenez le temps d'examiner vos attitudes et vos croyances et demandez-vous si elles vous servent ou si elles vous empêchent de progresser. Soyez honnête avec vous-même et prêt à apporter les changements nécessaires. Ce processus continu de connaissance de soi vous permettra d'affiner et d'améliorer continuellement votre intelligence des attitudes.

Pratiquer la pleine conscience

La pleine conscience consiste à être pleinement présent dans l'instant, sans jugement. Elle consiste à prêter attention à ses pensées, à ses sentiments et à ses sensations, ainsi qu'au monde qui l'entoure. En intégrant la pleine conscience dans votre vie quotidienne, vous pouvez développer une meilleure compréhension de vos attitudes et de vos réactions, et choisir consciemment comment réagir à différentes situations.

Pour continuer à développer vos attitudes, intégrez la pleine conscience dans votre routine. Réservez chaque jour un temps dédié à la méditation de pleine conscience ou pratiquez des activités qui favorisent la pleine conscience, comme le yoga ou les promenades dans la nature. En cultivant la pleine conscience, vous pouvez devenir plus conscient de vos attitudes en temps réel et faire des choix conscients pour réagir avec positivité et résilience.

Rechercher un retour d'information et un soutien

Aucun parcours de développement personnel n'est complet sans la recherche d'un retour d'information et d'un soutien de la part des autres. S'entourer de personnes positives et partageant les mêmes idées, qui vous soutiennent dans votre développement, peut grandement améliorer votre intelligence de l'attitude. Cherchez des mentors, des coachs ou des amis de confiance qui peuvent vous fournir des commentaires constructifs, des conseils et des encouragements tout au long de votre parcours.

En outre, soyez ouvert aux commentaires des autres, même s'ils sont difficiles à entendre. Les critiques constructives peuvent vous aider à identifier les points à améliorer et à affiner votre intelligence de l'attitude. Considérez le retour d'information comme une opportunité de croissance et utilisez-le pour développer davantage vos attitudes et vos comportements.

Fixer des objectifs significatifs

La fixation d'objectifs est un outil puissant de développement personnel. En fixant des objectifs significatifs et réalisables, vous pouvez orienter vos efforts et votre attention vers des domaines spécifiques de développement des attitudes. Qu'il s'agisse d'améliorer vos compétences en matière de communication, de renforcer votre résilience ou de cultiver un état d'esprit plus positif, la fixation d'objectifs constitue une feuille de route pour votre parcours de développement des attitudes.

Lorsque vous vous fixez des objectifs, veillez à ce qu'ils soient spécifiques, mesurables, réalisables, pertinents et limités dans le temps (SMART). Décomposez les grands objectifs en étapes plus petites et plus faciles à gérer, et célébrez vos progrès en cours de route. Revoyez régulièrement vos objectifs et ajustez-les si nécessaire pour qu'ils restent en phase avec l'évolution de votre intelligence de l'attitude.

Adopter un état d'esprit d'apprentissage permanent

L'intelligence de l'attitude n'est pas une réalisation ponctuelle ; elle exige un engagement à l'égard de l'apprentissage et de la croissance tout au long de la vie. Adoptez l'état d'esprit selon lequel il y a toujours plus à apprendre et à découvrir. Restez curieux et ouvert d'esprit, à la recherche de nouvelles connaissances et perspectives susceptibles d'améliorer votre intelligence comportementale.

Poursuivre l'aventure du développement des attitudes implique de rechercher activement des opportunités d'apprentissage et de développement personnel. Il peut s'agir de participer à des ateliers, des séminaires ou des conférences, de lire des livres ou des articles sur le développement personnel, ou encore de suivre des cours en ligne ou des webinaires. En investissant dans votre formation continue, vous pouvez continuellement développer votre intelligence de l'attitude et garder une longueur d'avance dans tous les domaines de votre vie.

Conclusion

Poursuivre l'aventure du développement des attitudes est un engagement à vie en faveur du développement personnel et de l'amélioration de soi. En adoptant un état d'esprit de croissance, en cultivant la conscience de soi, en pratiquant la pleine conscience, en recherchant le retour d'information et le soutien, en fixant des objectifs significatifs et en adoptant un état d'esprit d'apprentissage tout au long de la vie, vous pouvez continuer à affiner et à améliorer votre intelligence de l'attitude dans tous les aspects de votre vie.

N'oubliez pas que l'intelligence de l'attitude n'est pas une destination, mais un processus continu de croissance et de développement. Acceptez le voyage, restez engagé dans votre développement personnel et inspirez les autres par votre attitude positive et votre résilience. L'avenir de l'intelligence d'attitude est prometteur et, en poursuivant votre chemin, vous pouvez vous créer une vie remplie de succès, de bonheur et d'épanouissement.

12.3 Inspirer les autres avec l'intelligence d'attitude

L'intelligence d'attitude ne concerne pas seulement le développement personnel ; elle a également le pouvoir d'inspirer et d'influencer les autres de manière positive. Lorsque nous possédons une forte intelligence de l'attitude, nous devenons des modèles et des catalyseurs de changement, motivant ceux qui nous entourent à adopter un état d'esprit similaire. Dans cette section, nous allons explorer comment nous pouvons inspirer les autres avec notre intelligence de l'attitude et créer un effet d'entraînement de positivité et de succès.

Montrer l'exemple

L'une des façons les plus efficaces d'inspirer les autres avec l'intelligence de l'attitude est de montrer l'exemple. Lorsque nous adoptons systématiquement une attitude positive et que nous relevons les défis avec résilience et détermination, les gens nous remarquent. Nos actions sont plus éloquentes que les mots, et lorsque les autres nous voient prospérer et surmonter les obstacles, ils sont incités à faire de même.

En incarnant les principes de l'intelligence de l'attitude, nous devenons la preuve vivante qu'un état d'esprit positif peut mener au succès et au bonheur. Que ce soit dans nos relations personnelles, notre vie professionnelle ou tout autre aspect de la vie, notre attitude devient une lueur d'espoir et une source d'inspiration pour ceux qui nous entourent.

Partager des histoires personnelles

Un autre moyen puissant d'inspirer les autres avec l'intelligence de l'attitude est de partager nos histoires personnelles de croissance et de transformation. Lorsque nous parlons ouvertement de nos propres difficultés et de la manière dont nous les avons surmontées grâce à une attitude positive, nous créons un sentiment de connexion et de relativité.

En partageant nos expériences, nous montrons aux autres qu'ils ne sont pas seuls face à leurs défis et qu'ils peuvent eux aussi surmonter les obstacles en adoptant le bon état d'esprit. Nos histoires deviennent une source d'inspiration et de motivation, donnant aux autres le courage d'affronter leurs propres difficultés.

Offrir soutien et encouragement

Inspirer les autres avec l'intelligence de l'attitude implique également d'offrir soutien et encouragement. Lorsque nous croyons sincèrement au potentiel d'une personne et que nous exprimons notre confiance en ses capacités, nous lui donnons les moyens de croire en elle-même. En les écoutant, en les guidant et en les encourageant, nous devenons une source de force et de motivation pour les autres.

Il est important de se rappeler qu'inspirer les autres ne signifie pas régler leurs problèmes ou prendre la responsabilité de leur développement. Il s'agit plutôt de créer un environnement favorable dans lequel ils se sentent capables de prendre en charge leur propre attitude et leur parcours de développement personnel.

Pratiquer l'empathie et la compréhension

Pour inspirer les autres avec l'intelligence de l'attitude, nous devons faire preuve d'empathie et de compréhension. Nous devons reconnaître que chacun suit son propre chemin et peut être confronté à des défis que nous ne pouvons pas entièrement comprendre. En approchant les autres avec compassion et empathie, nous créons un espace sûr pour qu'ils s'ouvrent et partagent leurs difficultés.

En les écoutant sans les juger et en cherchant à comprendre leur point de vue, nous pouvons leur offrir des conseils et un soutien adapté à leurs besoins. En reconnaissant leurs émotions et en validant leurs expériences, nous les incitons à adopter une attitude positive et à trouver la force de surmonter leurs difficultés.

CÉLÉBRER LES SUCCÈS, petits et grands

Inspirer les autres par l'intelligence de l'attitude implique également de célébrer leurs succès, qu'ils soient grands ou petits. En reconnaissant et en appréciant leurs réalisations, nous renforçons la conviction qu'une attitude positive entraîne des résultats positifs. Qu'il s'agisse d'un petit pas vers un objectif ou d'une réalisation majeure, chaque succès mérite d'être reconnu et célébré.

En célébrant les succès des autres, nous créons une culture de la positivité et de l'encouragement. Cela n'inspire pas seulement l'individu, mais motive aussi les autres à s'efforcer de réussir à leur tour. Lorsque nous soulignons le pouvoir de l'attitude dans la réalisation des objectifs, nous inspirons un état d'esprit collectif de croissance et de résilience.

Être une source de positivité

Enfin, inspirer les autres par l'intelligence de l'attitude signifie être une source de positivité dans leur vie. En rayonnant de positivité et d'optimisme, nous créons un environnement stimulant qui encourage les autres à adopter un état d'esprit similaire. Nos paroles et nos actions ont le pouvoir d'influencer les attitudes de ceux qui nous entourent, il est donc important de les choisir judicieusement.

En offrant des mots d'encouragement, en pratiquant la gratitude et en nous concentrant sur les solutions plutôt que sur les problèmes, nous incitons les autres à voir le monde sous un angle positif. Notre attitude devient contagieuse, propageant la positivité et inspirant les autres à adopter une vision similaire de la vie.

En conclusion, l'intelligence de l'attitude a le pouvoir d'inspirer et d'influencer profondément les autres. En montrant l'exemple, en partageant des histoires personnelles, en offrant soutien et encouragement, en pratiquant l'empathie, en célébrant les succès et en étant une source de positivité, nous pouvons inspirer ceux qui nous entourent à adopter une attitude positive et à parvenir à leur propre développement personnel et à leur propre réussite. Alors que nous poursuivons notre voyage de développement de l'attitude, souvenons-nous de l'impact que nous pouvons avoir sur les autres et efforçons-nous d'inspirer et d'élever ceux qui nous entourent grâce à notre intelligence de l'attitude.

12.4 L'AVENIR DE L'INTELLIGENCE d'attitude

L'intelligence d'attitude a le potentiel de révolutionner tous les aspects de notre vie. Alors que nous continuons à comprendre le pouvoir de l'attitude et son impact sur notre bien-être, nos relations, notre carrière et notre réussite globale, l'avenir de l'intelligence d'attitude est extrêmement prometteur.

Adopter l'intelligence d'attitude dans l'éducation

L'un des domaines où l'intelligence d'attitude peut faire une différence significative est celui de l'éducation. Comme nous reconnaissons l'importance d'une attitude positive dans l'apprentissage, les éducateurs intègrent l'intelligence d'attitude dans leurs méthodes d'enseignement. En favorisant un état d'esprit de croissance et en soulignant la valeur de la persévérance et de la résilience, les élèves sont encouragés à aborder les défis avec une attitude positive. Ce changement dans les pratiques éducatives peut conduire à une amélioration des résultats scolaires, à une motivation accrue et à un amour de l'apprentissage tout au long de la vie.

L'intelligence d'attitude sur le lieu de travail

L'avenir de l'intelligence des attitudes dans le monde professionnel est également prometteur. Les entreprises, conscientes de l'impact des attitudes des employés sur la productivité, la satisfaction au travail et la réussite globale, investissent dans des programmes et des initiatives visant à développer l'intelligence de l'attitude au sein de leur personnel.

Les entreprises reconnaissent qu'une attitude positive peut améliorer le travail d'équipe, la créativité et les capacités de résolution de problèmes. En encourageant une culture de la positivité et en offrant une formation à l'intelligence d'attitude, les organisations peuvent créer un environnement de travail plus harmonieux et plus productif.

L'intelligence de l'attitude et la technologie

Avec l'avancée rapide de la technologie, l'intelligence d'attitude a le potentiel de jouer un rôle important dans l'élaboration de nos expériences numériques. À mesure que l'intelligence artificielle et l'apprentissage automatique s'intègrent davantage dans notre vie quotidienne, le développement de l'intelligence émotionnelle et des attitudes positives deviendra de plus en plus important. L'intelligence des attitudes peut nous aider à naviguer dans les complexités de la technologie, en veillant à maintenir un équilibre sain entre le monde virtuel et le monde réel. En encourageant l'empathie, la pleine conscience et l'utilisation responsable de la technologie, nous pouvons en exploiter les avantages tout en préservant notre bien-être mental et émotionnel.

L'intelligence d'attitude et la santé

L'avenir de l'intelligence des attitudes dans le domaine de la santé et du bien-être est également prometteur. La recherche a montré qu'une attitude positive peut avoir un impact profond sur la santé physique, le bien-être mental et la résilience émotionnelle. Alors que nous continuons à explorer le lien entre le corps et l'esprit, l'intelligence d'attitude peut être intégrée dans les pratiques de soins de santé afin de promouvoir une guérison holistique. En incorporant la psychologie positive, les techniques de pleine conscience et les interventions axées sur l'attitude, les professionnels de la santé peuvent permettre aux individus de jouer un rôle actif dans leur propre bien-être.

L'intelligence des attitudes et le changement social

L'intelligence de l'attitude a le potentiel de conduire à un changement social positif. Lorsque les individus développent leur intelligence de l'attitude, ils deviennent plus empathiques, plus compatissants et plus sensibles aux différences culturelles. Cette sensibilisation et cette compréhension accrues peuvent conduire à une plus grande inclusion, tolérance et acceptation dans la société. L'intelligence de l'attitude peut inciter les individus à agir, à défendre la justice sociale et à œuvrer à la création d'un monde plus équitable et plus harmonieux.

L'intelligence d'attitude et le développement personnel

L'avenir de l'intelligence d'attitude réside dans son intégration continue dans le développement personnel. À mesure que les individus reconnaissent le pouvoir de leurs attitudes sur leur vie, ils cherchent activement des moyens d'améliorer leur intelligence de l'attitude. Il s'agit notamment de s'engager dans des pratiques telles que la tenue d'un journal de gratitude, la méditation de pleine conscience et l'autoréflexion. En cultivant une attitude positive et en développant leur résilience émotionnelle, les individus peuvent surmonter les difficultés, atteindre leurs objectifs et mener une vie épanouie.

Le rôle de la recherche et de l'éducation

Pour réaliser pleinement le potentiel de l'intelligence de l'attitude, il est essentiel de poursuivre la recherche et l'éducation. La poursuite de l'exploration scientifique peut nous permettre d'approfondir notre compréhension des mécanismes qui sous-tendent l'intelligence d'attitude et son impact sur divers aspects de la vie. Cette recherche peut contribuer à l'élaboration d'interventions et de stratégies fondées sur des données probantes pour améliorer l'intelligence d'attitude chez les individus et dans les communautés.

L'éducation joue un rôle essentiel dans la sensibilisation et la diffusion des connaissances sur l'intelligence d'attitude. En intégrant l'intelligence attitudinale dans les programmes scolaires, les ateliers et les programmes de formation, nous pouvons doter les générations futures des outils dont elles ont besoin pour relever les défis de la vie avec une attitude positive.

Conclusion

L'avenir de l'intelligence d'attitude est brillant et prometteur. Alors que nous continuons à reconnaître l'impact profond de l'attitude sur tous les aspects de notre vie, nous pouvons exploiter son pouvoir pour créer des changements positifs. En adoptant l'intelligence d'attitude dans l'éducation, le lieu de travail, la technologie, la santé, les interactions sociales et le développement personnel, nous pouvons façonner un avenir où les individus et les communautés s'épanouissent. Grâce à la recherche continue, à l'éducation et au développement personnel, nous pouvons libérer le plein potentiel de l'intelligence d'attitude et créer un monde rempli de positivité, de résilience et de succès.

https://x.com/
Phoenixhei22036?t=Y4rgrw3NUf5OFfl4oN4B9A&s=09
https://www.facebook.com/profile.php?id=100090731780769

C'est sur Dieu et sur vous.

MAINTENIR LA BONNE ATTITUDE DANS LA DERNIÈRE MINUTE

C'est le dévoilement des attitudes et des tempéraments de l'homme qui le définit et le positionne face aux situations de la vie. La vie est une question d'action et de réaction. La vie dépend de notre relation avec Dieu tout-puissant et avec l'homme.

Don't miss out!

Visit the website below and you can sign up to receive emails whenever BANTAR-SHEY publishes a new book. There's no charge and no obligation.

https://books2read.com/r/B-A-AZEBB-OUOQC

BOOKS2READ

Connecting independent readers to independent writers.

About the Author

Bantar-Shey is a young Gospel Minister. He is inspired by the works of God and led by the Holy Spirit, to write this piece of revelation for you. He is a holder of a Master's degree in Marketing, a Bachelor's degree in Technology in Marketing, and a Higher National Diploma (H.N.D.) in Marketing. He also has multiple certifications in Tech, Counseling, and Sports Marketing. He is also a Scriptwriter.

Read more at https://koji.to/@bantarshey3000.

About the Publisher

A conglomerate. We are into book publishing, proofreading, translation, real estate, entertainment, marketing & more

Read more at https://koji.to/@bantarshey3000.

www.ingramcontent.com/pod-product-compliance
Lightning Source LLC
Chambersburg PA
CBHW050511160726
48003CB00001B/261